While every precaution has been taken in the preparation of this book, the publisher assumes no responsibility for errors or omissions, or for damages resulting from the use of the information contained herein.

EL SURGIMIENTO DEL BLACK ROCK

First edition. October 13, 2024.

Copyright © 2024 Edward Branson.

ISBN: 979-8227826695

Written by Edward Branson.

Tabla de Contenido

El surgimiento del Black Rock 1

Prólogo 4

Capítulo 01 7

Capítulo 02 13

Capítulo 03 17

Capítulo 04 21

Capítulo 05 23

Capítulo 06 27

Capítulo 07 32

Capítulo 08 36

Capítulo 09 40

Capítulo 10 44

Capítulo 11 48

Capítulo 12 52

Capítulo 13 57

Capítulo 14 60

Capítulo 15 62

Capítulo 16 65

Capítulo 17 70

Capítulo 18 73

Capítulo 19 78

Capítulo 20 85

Capítulo 21 90

Capítulo 22 95

Capítulo 23 100

Capítulo 24 103

Capítulo 25 108

Capítulo 26 113

Capítulo 27 118

Capítulo 28 124

Capítulo 29 129

Epílogo 138

El surgimiento del Black Rock

Edward Branson

Tabla de contenido

Prólogo

Capítulo 01

Capítulo 02

Capítulo 03

Capítulo 04

Capítulo 05

Capítulo 06

Capítulo 07

Capítulo 08

Capítulo 09

Capítulo 10

Capítulo 11

Capítulo 12

Capítulo 13

Capítulo 14

Capítulo 15

Capítulo 16

Capítulo 17

Capítulo 18

Capítulo 19

Capítulo 20

Capítulo 21

Capítulo 22

Capítulo 23

Capítulo 24

Capítulo 25

Capítulo 26

Capítulo 27

Capítulo 28

Capítulo 29

Epílogo

Prólogo

Lo que revela, lo que construye con pequeños toques impresionistas, es el ascenso al poder de Larry Fink, el amo del nuevo gigante financiero, BlackRock. Cuando cierro los ojos y pienso en Larry y BlackRock ahora, la imagen que me viene a la mente es la de un Godzilla que emerge de la megacrisis de 2008 y avanza hacia nosotros. Lo que hace que este libro sea aún más distintivo reside en su génesis. Nunca debería haber existido. Este objeto cómico y aterrador que tienes en tus manos se suponía que era un prefacio, pero las cosas salieron mal. Me convertí en un testigo impotente de lo que sentí como un intento de censura.

Me resulta delicado utilizar esta palabra, pero en el fondo eso es lo que se trataba. Y eso es lo que motivó la escritura de este objeto improbable. No me detendré aquí en los hechos y su secuencia; ésa no es realmente la función de un prólogo. El libro lo cuenta.

Larry y Robert nacieron de un diálogo y una amistad entre un editor libre y comprometido y su amigo escritor, trotamundos de la investigación periodística y el combate político (Denis Robert fue el eje del escándalo Clearstream). La idea del libro nos llegó como una necesidad evidente. Tenía que publicarlo; tenía que ser su editor. Pero también tenía que publicar su contraparte directa, la misma razón por la que Denis dirigió su atención a BlackRock: el libro bien documentado y autorizado de la periodista alemana Heike Buchter: *BlackRock: Estos financieros que se apoderan de nuestro dinero* . Los dos libros, aunque diferentes, demuestran de manera implacable los mecanismos ocultos y los objetivos totalitarios de BlackRock. Hoy, la multinacional ve pasar más de treinta billones de dólares a través de su plataforma Aladdin. Aladdin es la lámpara mágica de Larry Fink: un software indescifrable, un informante aterrador, árbitro y, en última instancia, tirano de las finanzas globales. BlackRock gestiona 7,5 billones de dólares en activos en todo el mundo, incluso en Francia, donde la firma posee alrededor del 4% año tras año del CAC40, es decir, las cuarenta mayores empresas francesas que cotizan en bolsa.

BlackRock es probablemente la mayor amenaza inmediata y actual, mucho más que el peluquín de Donald Trump o la actitud severa de Xi Jinping y, en el corto plazo, más que la implacable marcha del cambio climático.

BlackRock es a la vez el símbolo y la realidad de este monstruoso matrimonio entre la tecnología de datos totalitaria y la omnipotencia —mitad gaseosa, mitad alucinatoria— de las finanzas.

BlackRock ya no es sólo un problema económico o incluso político, que podría resolverse con argumentos y percepciones. BlackRock se ha convertido en una locura incontrolable, construida a base de historias. BlackRock se ha convertido en un mito.

Larry Fink, con su aire tranquilizador de gestor de fondos y valiente vaquero norteamericano, se ha reinventado convirtiéndose en el hombre que susurra al oído de la Casa Blanca. Lo hizo durante la tormenta de las hipotecas subprime y sigue haciéndolo hoy. Él también se ha transformado en un personaje legendario.

Una leyenda negra. Una leyenda que corre el riesgo de arrastrar a toda la humanidad al derrumbe imposible pero probable de su inmenso castillo de naipes, su Xanadu que no matará a su dueño, sino a nosotros. A todos nosotros: a ti, querido lector, cuyo dinero es administrado por este buen Larry, como a todos los demás. Sí, eres tú quien se verá obligado a susurrar "Rosebud" antes de dar tu último suspiro.

Desde su título, *Larry* realiza el gesto vital que hoy es esencial para nuestra supervivencia: devolver un nombre, una humanidad —a la vez banal y lastimosa, y tan necesaria— a este inventor del más terrible software para espiar, enlatar y transformar en 0 y 1 el trabajo humano, y por tanto, al hombre en general.

Página tras página, este libro resiste y se niega; rechaza la locura ciega del software de Aladino que tritura y manipula los datos económicos, se enfrenta a todos, desde los políticos hasta los grandes jefes, y reina sobre el destino de la economía. Página tras página, este libro devuelve el nombre de un hombre a la catástrofe que se avecina. Nos despierta de la larga pesadilla en la que nos vemos dirigiéndonos hacia la pared automáticamente, o mejor dicho, algorítmicamente.

Página tras página, lector, este libro te invita, a tu vez, a dirigirte a Larry y decirle: "Larry, si eres un hombre, si eres, como crees, un buen americano, un buen tipo, desenchufa tu maravillosa lámpara y devuelve lo más rápidamente posible tus 7,5 billones de dólares a quienes verdaderamente los poseen. No sólo a los jubilados cuya fortuna concentras, sino a todos nosotros. Te has convertido, por una combinación de circunstancias esquizofrénicas, en el garante y el gurú de nuestro futuro. Todo este poder concentrado sólo en tus manos, Larry, tú lo sabes bien, es el origen del mayor estallido delirante que jamás haya afligido el cerebro de la economía mundial".

De hecho, lector, la única defensa que nos queda es recordar que detrás de nuestros bienes están Larry y Robert. Es decir, todos nosotros. Y debemos gritarlo lo más rápido posible. Al final del libro verás una carta. Es una manera de convertir la literatura en una lucha. Hazles saber a Larry y a BlackRock lo que piensas.

Capítulo 01

———

Larry y yo tenemos una larga historia. Aunque nos separa un océano, nacimos en el mismo planeta. Larry es seis años mayor que yo. Su padre era vendedor de zapatos en Los Ángeles (oeste de Estados Unidos) y su madre era profesora de inglés. Mi madre era costurera y mi padre era ingeniero en EDF en Thionville (este de Francia). Larry estudió ciencias políticas y obtuvo un máster en administración de empresas en la Universidad de California en 1976, el mismo año en que me gradué. Yo estudié psicología en Nancy hasta que obtuve un DEA en psicolingüística. En cuanto a la duración de los estudios, se podría decir que le gané por poco.

No estoy presumiendo, estoy narrando.

En cuanto a los activos, es otra historia. Aparte de mi casa y un viejo Jaguar, no tengo acciones, ni plan de ahorro, ni segunda vivienda. Larry ganó 25 millones de dólares en ingresos y acciones de BlackRock el año pasado, lo que lo convirtió en el tercer mayor ganador de Wall Street. Dos viejos banqueros acaban de superarlo: el jefe de Morgan Stanley (27 millones) y el que ha ocupado el primer puesto durante años: Jamie Dimon, el jefe de JPMorgan (31 millones). Este salario anual también lo coloca detrás de Neymar, Messi y Ronaldo, pero ligeramente por delante de Mbappé. La historia no menciona qué otros ingresos bursátiles o inmobiliarios tiene Larry. Es muy discreto sobre sus inversiones. Sin embargo, Bloomberg lo dejó escapar en abril de 2018, al anunciar que Larry estaba entrando en la gran familia de los multimillonarios, ya que el periodista del canal informó que acababa de superar los mil millones de fortuna personal, principalmente gracias a la gran cantidad de acciones de BlackRock que posee. Su puntuación, aunque envidiable, no le permite entrar en el top 100 de los hombres más ricos del mundo. En cambio, en el ranking de los más poderosos, Forbes lo situó en el puesto 28 en 2018, por detrás de Xi Jinping, Putin y Trump, pero muy por delante de muchos otros jefes y políticos influyentes. Desde que existe el ranking, su valoración no ha hecho más que subir, y apuesto a que entrará en el top 10 en 2020. Por supuesto. Lentamente, pero con la misma seguridad con la que BlackRock extiende su influencia en el globo. Y, Forbes o no, obviamente será el número uno en 2021. Larry Fink, el amo del universo. Eso es un hombre. Tendrá su nombre dorado en oro fino en tarjetas de visita que luego repartirá sin sonreír (Larry tiene un sentido del humor muy limitado) durante sus viajes por Europa o Asia. A Larry le gusta la riqueza, no la opulencia. Es muy reservado sobre lo que gana y acumula. Una granja en North Salem con vacas y caballos, una villa en Aspen, en el centro turístico de Colorado para unos pocos afortunados... Larry no multiplica, a diferencia de muchos de sus amigos banqueros, las inversiones inmobiliarias llamativas. A nuestro hombre le gusta especialmente el poder y leer el miedo o la admiración en los ojos de sus interlocutores. La pregunta que me hago cuando lo veo en la televisión o leo la carta anual que envía a las decenas de miles de empresarios vinculados a BlackRock podría resumirse en: "¿Sabe a dónde va y qué está haciendo?". Temo que la respuesta sea negativa.

En el fondo, aparte de su mujer y sus tres hijos, creo que a Larry le importa un bledo lo que les pase a los demás. Es un libertario, binario y despreocupado que podría retomar el rap de Nekfeu: "Tu existencia me importa poco si no eres mi compañero... La gente es más amable cuando firmas tu contrato... Dedicación a ti que dijiste que no creías en mí... Hoy hago espectáculos en directo, gano dinero, vivo mi vida... Así que me importa un bledo, me importa un bledo todo...". Una historia contada por un ex ejecutivo de BlackRock dice mucho sobre la naturaleza profunda de Larry. Vuela sobre el Atlántico en su jet. De repente se le ocurre hacer escala en Alemania para ver a Angela Merkel. Pide a su piloto que aterrice en Frankfurt y llama a su corresponsal para concertar una entrevista con la canciller alemana... cinco horas después. Sudor del tipo que, a pesar de todos sus esfuerzos, no lo consigue y en su lugar le encuentra un cara a cara con el vicepresidente de BMW. La reunión comienza, los dos chicos charlan. Larry se da cuenta de que está aburrido y de que no le importa mucho el subjefe. Saca el móvil y teclea un mensaje de texto para organizar su siguiente reunión, "dejando a su interlocutor sin palabras", especifica un testigo de la escena. Larry y yo nunca nos hemos cruzado. Le he visto varias veces en la tele. No creo que sea su caso. Es decir, no creo que me haya visto en la tele. Larry tiene una vida muy regulada. Al menos esa es la imagen que quiere dar. Se levanta todas las mañanas a las cinco y sale de su edificio del Upper East Side de Manhattan tres cuartos de hora después para ir en limusina a su despacho en BlackRock. Larry lee tres periódicos –siempre los mismos– todas las mañanas: The Wall Street Journal, The Financial Times y The New York Times, antes de empezar sus reuniones y videoconferencias.

El edificio BlackRock es una torre normal y corriente situada en Park Avenue, con un centro comercial y un Starbucks en la planta baja. Nada que ver con el lujo que despliegan la Torre Trump o el palacio de Goldman Sachs en el Hudson. Lloyd Blankfein, el jefe del banco de inversiones, se desembolsó dos mil millones para mostrar al mundo y a sus colegas comerciantes y banqueros la insolente riqueza de su tienda. Larry es más modesto y más inteligente. Quiere demostrar que es rico pero ahorrativo. En términos de influencia en los negocios mundiales, BlackRock y sus ejecutivos han superado ampliamente a los trajes y corbatas de Goldman. Y para cualquier periodista acostumbrado a los misterios de Wall Street, Larry ya no juega en la misma liga que Lloyd. El más poderoso rara vez es el más ostentoso.

Larry llega a casa a las 6.30 y se encuentra con su mujer, Lorri, a la que conoció en el instituto cuando tenía diecisiete años. Larry y Lorri: la pareja huele a retrato de portada del Reader's Digest, la revista que lleva hechizando el corazón de Estados Unidos desde 1923. "A las 22.30 apaga la luz", nos cuenta la periodista estrella de la revista Fortune, Carol Loomis, en un artículo hagiográfico que la oficina de prensa de BlackRock despacha a todos los periodistas que contactan con la multinacional. Así que Larry se ocupa de nuestros ahorros, se acuesta temprano y trabaja todo el tiempo. El mensaje está llegando. Cuando Larry tiene un problema, se lo envía a Aladdin, la inteligencia artificial de BlackRock, y envía a sus relaciones públicas o a sus abogados para que lo solucionen. Incluso podría permitirse un asesino a sueldo. Yo haría lo mismo que él, pero no puedo permitírmelo. Vale, lo admito: mis preocupaciones no son del mismo tipo. Él se dedica a la geopolítica, al trading de alta frecuencia. Yo me dedico a los editoriales políticos, a los líos de baja frecuencia. Un trader libanés afincado en Londres me ha presentado múltiples denuncias con pretextos tan diversos como la difamación, el insulto y la invasión de su privacidad. Aunque pierda, no se rendirá. Soy todo lo que odia. Está arruinando mi vida, pero le dejo hacerlo. Como soy negligente, una galería de arte lleva dos años vendiendo mis cuadros sin pagarme. Siempre encuentro una excusa para evitar la confrontación. Un conductor litigioso inventó una marcha atrás violenta y una colisión con su coche por mi parte para defraudar a mi seguro. El accidente nunca ocurrió, pero el tipo tiene un testigo. Trabajo sobre mí mismo para no enfadarme. Larry no tiene ese tipo de preocupaciones. Desde que retomé mi trabajo diario como director editorial de un canal de televisión para izquierdistas (humor de segundo nivel, estoy bromeando), las reuniones y los conflictos se han sucedido sin que yo pueda controlarlo todo. El Consejo Nacional de la Nueva Resistencia, que estamos intentando poner en marcha, me ocupa mucho tiempo. Emmanuel Macron y su nuevo gobierno, que se parece mucho al anterior, aún más. Los amantes de Étienne Chouard me acosan en Internet y vienen a molestarme en casa. Dejé mis libros sin terminar, mis películas en gestación, el guión encargado por un productor sin terminar. Y luego está la casa, los niños, la familia, el baloncesto. Mi padre, que perdió a su esposa, mi madre, no lo supera. Yo tampoco, por cierto, pero esa es otra historia. Al final del confinamiento, una amiga me envió una carta pidiéndome que me tomara un descanso. Según ella, estoy comprometido en demasiados frentes. "Deberías hacer un examen de conciencia ante este desbordamiento de actividades. ¿Qué vacío intentas llenar?", me pregunta. No necesito un psicoanalista, más bien un maestro yogui. Alguien que pueda enseñarme a tomar las decisiones correctas. Voy a releer a Krishnamurti. Liberarme de lo conocido. Pero primero, tengo una última misión que cumplir. Llamé a mi amiga para agradecerle su carta y hablamos:

"Al defender causas perdidas, te has convertido en un campeón mundial de esos que se meten en problemas solos", me dice.

"Estoy bien, me estoy levantando y estoy en buena forma".

"Los chicos siempre dicen ese tipo de cosas antes de sufrir un derrame cerebral o un ataque cardíaco".

—Basta, te digo que estoy bien... prefiero estar en mi propia piel que en la de Larry Fink.

"¿De quién es la piel?"

"El jefe de BlackRock".

"¿Es músico?" Le explico quién es Larry y cuál es mi proyecto, que todavía no está del todo claro. En ese momento, todavía no estaba pensando en un libro, sino más bien en un artículo largo.

"En cuanto un tema te toca, es más fuerte que tú", se burla. "Te lanzas de cabeza".

Lo niego débilmente, pero ella insiste:

"Hay que razonar con frialdad. Ganarías dando un paso atrás..."

Y añade:

"Tu problema es que no eres lo suficientemente astuto, así que te metes en problemas tú solo".

Suspiro y consigo cambiar de tema. No soy astuto, pero soy tenaz. Creo en mi buena estrella. ¿Debería confesarle que voy a hacer exactamente lo contrario de lo que me aconseja?

El filósofo Bernard Stiegler acaba de suicidarse. Estaba leyendo su último libro *¿Qué quiere decir panser?* Para entrevistarlo al comienzo del año escolar, lleva varios años advirtiéndonos sobre la locura destructora de los mercados financieros y los algoritmos. "Cuando se pierde la razón", escribe, "todos los poderes tecnológicos que están en nuestras manos como otros tantos "progresos de la civilización" se convierten en armas de destrucción por las cuales esta "civilización" se convierte en barbarie".

Yo leo cada frase de Bernard Stiegler como una alusión a Larry Fink y a lo que está haciendo con BlackRock: crear un mundo por encima del mundo, jugar al acróbata financiero, hacer malabarismos con leyes y costumbres para afirmar su posición dominante en los mercados financieros y acelerar la adquisición de acciones y bonos en una zona sin ley. BlackRock, su creación, a través de su estatus híbrido e incontrolable como fondo de inversión global, innova en lo que Stiegler llama el "salvaje oeste tecnológico". Me llamó la atención esta cita en la contraportada de un libro anterior: "Para los señores de la guerra económica, en la disrupción, que es un fenómeno de aceleración de la innovación, se trata de ir más rápido que las sociedades para imponerles modelos que destruyen las estructuras sociales y dejan sin poder al poder público. Es, en cierto modo, una estrategia de paralización del adversario".

Eso es lo que le pasa a Larry. Paraliza a sus oponentes. Siempre dispara primero.

Y se ha vuelto demasiado grande para fracasar.

Al transferir a la sociedad los riesgos que ésta no quiere asumir, al tiempo que roba los bolsillos de sus clientes, BlackRock puede destruir las estructuras sociales de un país.

Demasiado grande para fracasar.

Nunca la expresión ha sido más apropiada.

"Riesgo cero, hombre", decía Larry entrecerrando los ojos.

Nadie lo contradice, salvo esta vocecita que sale de un libro muy pequeño con una historia turbulenta:

"Deja ya de decir tonterías, el riesgo sistémico es total, hombre".

Capítulo 02

Hay una vibración especial entre Larry y yo.

Aunque sé que sus preocupaciones están a mil millas de las mías, estamos hechos de la misma carne. Tenemos problemas de ego, de amor y de amistad. Cuando nuestros seres queridos desaparecen, sufrimos. Somos mortales, conscientes de nuestra finitud, y nos preguntamos por el futuro de la humanidad. Al menos, eso espero. Un escritor nunca se jubila, ni tampoco un banquero de inversiones. Mientras la mayoría de nuestros contemporáneos sueñan con una renta vitalicia dorada y un final tranquilo para la vida, Larry trabaja incansablemente para captar el dinero de los jubilados, especialmente los franceses. Y a mi nivel, trato, tal vez tontamente, de frustrar sus planes.

Olvidé un detalle.

Larry colecciona, en su granja-museo de North Salem, a unos cien kilómetros de Nueva York, calabazas viejas y maltratadas, veletas, fotografías amarillentas y sillas de montar de vaqueros: todo lo que él llama arte popular americano. Un tipo que colecciona veletas no puede ser fundamentalmente malo.

Puede que haya nacido bajo el sol de California, pero a mí me recuerda a un paleto del Medio Oeste. Un granjero de Iowa o Missouri, siempre detrás de las vacas, observándote desde lejos, con los ojos entrecerrados. Larry es un gran manipulador, pero trabaja de forma binaria. En la vida, amigo mío, hay lo que es rentable y lo que no lo es.

Manipulador + binario = formidable eficiencia.

Con su título de gestión en la mano, Laurence Douglas Fink recorrió el país y rápidamente se convirtió en el jefe del departamento de crédito inmobiliario del First Boston de Nueva York. Muy pronto, alcanzó el éxito vendiendo hipotecas titulizadas. El éxito de estos productos financieros, innovadores en su momento, se basaba en la reventa en cascada de préstamos inmobiliarios. Veinte años después, provocarían la crisis de las hipotecas basura. Gracias a ellos, Larry logró brillar y ascender en la jerarquía del banco, sin sospechar la catástrofe que se avecinaba.

Detengámonos un momento en el tema. Estos productos innovadores se basaban en una compilación de préstamos hipotecarios más o menos sólidos. Imaginemos que usted invirtió en bienes raíces solicitando préstamos garantizados por los edificios que compró. Invirtió en diferentes ciudades, desde Nueva York hasta Detroit, pasando por Sun City, una ciudad autogestionada y protegida en Arizona para personas mayores.

En Sun City, con treinta y ocho mil habitantes, el modelo está en decadencia. Los viejos se han acabado aburriendo. Casi todos son vendedores y no encuentran a nadie que les compre sus propiedades. En Detroit ya no se fabrican coches, ya no se hacen negocios y el mercado inmobiliario se está desplomando. Afortunadamente, en Nueva York la gente sigue comprando áticos de lujo. Supongamos que tengo un apartamento cerca de la Torre Trump. Voy a titularizar, consolidar todos mis activos inmobiliarios -mi casa invendible en Sun City, mi edificio cutre en Detroit y mi ático de Nueva York- en una sola entidad. Después vendo acciones en lo que se convierte en un fondo. Un esquema turbio. Un fiasco. Mis bienes inmuebles se han vuelto líquidos y puedo deshacerme de ellos.

Las casas de Detroit se están desmoronando, los ancianos mueren sin haber pagado la villa de sus sueños, Sun City se está convirtiendo en el Valle de la Muerte, pero los títulos hipotecarios siguen vendiéndose como pan caliente. El regreso a la realidad será cruel. La deuda hipotecaria aumenta, pero muchos inversores la ocultan. En 2006, el primero que vio y comprendió la magnitud del desastre que se avecinaba fue un pequeño analista financiero, Michael Burry. Gracias a sus acertadas predicciones –y a pesar de la denigración de los financieros de Wall Street– lo volvemos a encontrar hoy porque, catorce años después de haber advertido de la crisis de las hipotecas basura, nos pone en guardia contra el cataclismo financiero que podrían provocar el gigantismo y las estrategias arriesgadas de Larry Fink con BlackRock.

En 1987, presagio de la crisis de 2008, Larry tuvo una indigestión de porquerías. La pérdida de valor de los activos inmobiliarios era mucho mayor que lo que los especialistas llaman el "haircut", la contribución mínima para una compra a crédito. En Francia, el "haircut" es generalmente de al menos el 30%. Así, el banquero que tiene una hipoteca y tiene derecho a vender el 100% del inmueble puede pagarse a sí mismo, incluso si el mercado cae un 30%. En Estados Unidos, esta red de seguridad es mucho menos importante y, si sólo hay vendedores, los banqueros pueden perder hasta la camisa. Es un poco como lo que le pasó a Larry. Una circunstancia agravante para él: el banco central estadounidense, la Fed, al ver que se avecinaban estas dificultades para el pago de las hipotecas, bajó de repente sus tipos de interés para evitar un colapso, lo que provocó la reventa masiva de créditos. Larry no lo vio venir. Hizo perder a First Boston 100 millones de dólares en un solo día: un fracaso amargo y memorable. Experimentaría las alegrías del armario antes de dejar su trabajo como comerciante y construir lo que se convertiría en BlackRock.

No importa su tamaño, la probabilidad de que un activo suba o baje es siempre de una entre dos. Cuando un fenómeno extraordinario trastoca el equilibrio y las certidumbres de los financieros, como una mariposa que bate sus alas sin previo aviso y provoca una reacción en cadena, estos financieros, generalmente traders arrogantes y seguros de sí mismos, se ven sorprendidos. Tuvieron que poner palabras para enmascarar su ignorancia, para no quedar demasiado mal. Los traders llamaron a esta inesperada cadena de acontecimientos "leptocúrtica", un nombre bárbaro utilizado por Larry y los BlackRockers para engañarnos con palabras cultas y no explicarnos por qué su estrategia falló y por qué perdiste todos tus ahorros.

Este fracaso, que se produjo pronto –tenía treinta y tres años–, le inculcó una convicción: para triunfar en las finanzas es necesario prever el futuro y, por tanto, limitar los riesgos leptocúrticos. De ahí su obsesión por el cálculo predictivo y la seguridad que acabó desprendiendo de su persona.

"Larry Fink es el tipo que te hace creer que cualquier fenómeno vivo puede ser incluido en una ecuación", me dijo un gestor de patrimonio entrevistado como parte de esta investigación.

Si pensamos en este recorrido, BlackRock funcionó inicialmente como un gran banco provincial del Medio Oeste: limitemos los riesgos y evitemos las locuras.

Larry es muy talentoso, muy prudente, pero no podía prever el éxito gigantesco de su intuición. Al principio, en su cabeza de granjero, BlackRock probablemente era una especie de gran centro comercial para banqueros, un centro neurálgico del que él sería el jefe. No esta máquina loca, condenada a crecer y expandirse para sobrevivir. ¿Quién podría haber imaginado algo así y un destino así?

La sofisticación técnica, la creación de una inteligencia artificial única, no estaba destinada a funcionar tan bien. Cuando lees los primeros anuncios de productos financieros de BlackRock, piensas que las garantías que mostraban sobre los retornos de la inversión basados en algoritmos diabólicos eran pura palabrería. Puro discurso de vaqueros con los ojos entrecerrados.

Veinte años después, nos encontramos en un escenario similar al *de Black Mirror* , la serie de anticipación de Channel 4 que Netflix ha tomado. Larry ha creado un monstruo que está más allá de él. BlackRock pronto tocará incluso márgenes minúsculos en prácticamente todas las transacciones bursátiles del planeta. Y, gracias a Aladdin, Larry está informado en tiempo real sobre el estado financiero de todos sus clientes y usuarios.

Tiene acceso a la matriz del capitalismo. Puede leer todos los balances de prácticamente todas las empresas del mundo. Sabe lo que está en juego entre competidores. Puede así privilegiar a uno u otro con el mayor secreto.

Él es el dios viviente del capitalismo.

¿Solo eso? No, peor aún.

Capítulo 03

Todo empezó con una llamada de Florent Massot. Eran las 22 horas y yo estaba en casa de mi padre para nuestra primera reunión tras el confinamiento. Normalmente, Florent me llama a horas más razonables. Tenía la voz cansada. No se atrevió a decirme de inmediato el motivo de su llamada, me preguntó cómo estaba, pero intuí que algo no iba bien.

Se trataba del prólogo que le había dado una semana antes. Había sudado para leer, entender y escribir unas cuantas páginas inteligibles sobre un gran libro sobre BlackRock que había salido cuatro años antes, el único libro publicado en el mundo sobre la firma neoyorquina y su fundador. Tengo una historia especial con esta firma, que lleva el nombre de una banda de heavy metal, y su jefe, Larry Fink. Los sigo desde hace más de diez años, así como a Vanguard, State Street, los hermanos Koch, Merrill, Goldman y Lloyd Blankfein; en resumen, todos los campeones estadounidenses de las finanzas. Había llamado a Florent unos meses antes, después de ver una película sobre Arte, para informarle sobre el tema, con la oportunidad de publicar un libro en francés. Estábamos en medio de un debate sobre la reforma de las pensiones propuesta por Emmanuel Macron, y Larry Fink, el campeón mundial en todas las categorías de pensiones de capitalización, estaba considerando las posibles inversiones de los jubilados franceses. Por fin había escrito un prólogo que se mantenía en pie, feliz y aliviado con mis veintiún páginas, porque el libro estaba esperando a ser impreso. Basándome en las explicaciones del periodista, el final mencionaba el aumento de la pobreza como la única salida a la estrategia de Larry: "Larry quiere endosarnos su seguro de pensiones, olvidando que los americanos, al ampliar las horas de trabajo, han perdido el 30% de sus pensiones desde la crisis de 2008 y el aumento del control de las empresas de inversión como BlackRock. El hecho de que Fink nos invite a considerar este riesgo de manera relajada es cínico. El ataque a los sistemas de pensiones es la Gran Obra de Larry Fink. BlackRock es el brazo armado que pretende destruir el estado del bienestar en todas partes. [...] Larry Fink ha dominado el arte de ignorar a los pobres. Y hacerlos aún más pobres".

El libro cuenta la historia del ascenso del fondo de inversión que hoy posee acciones en decenas de miles de empresas en todo el mundo, y en Francia, donde BlackRock posee el 5% de unas veinte empresas del índice CAC 40 y donde Larry tiene su servilletero en el Elíseo. Heike Buchter, la periodista alemana, corresponsal de *Die Zeit* y autora del libro publicado sólo en Alemania, no es escritora ni novelista. Intenta ser didáctica en su libro, pero a menudo sus largos capítulos sobre la práctica de los fondos de cobertura y sobre los ETF (Exchange-Traded Funds), literalmente "fondos negociados en la bolsa de valores", son complicados de digerir. Eso es lo que traté de hacer en mi prefacio, burlándome un poco de Larry. Era un juego limpio.

Explicar las finanzas es un ejercicio tedioso, que exige primero comprenderlas. El libro de Heike Buchter tuvo el gran mérito de darnos una idea de la mecánica interna de BlackRock y de pintar, en segundo plano, el retrato de su misterioso jefe. Como cualquier ser humano mortal de sesenta y ocho años que ve pasar los años, Larry Fink puede que ya no sea tan poderoso dentro de diez años. Un día, otro ocupará su lugar, pero él no es el tipo de persona que deja pasar la corona o suelta la barandilla. Seguro que vigilará y controlará a BlackRock.

Así pues, escribí este maldito prólogo. Estoy contento con él. Se lo envié a Florent. Él estaba encantado. Se lo envió a su directora editorial, que estaba encantada. Ella se lo envió a la abogada, que no estaba encantada (los abogados que trabajan para editoriales a menudo se enfadan porque les doy mucho trabajo). La abogada nos aseguró que mi prólogo no era difamatorio. Sin forzarme demasiado, tengo cierta experiencia en asuntos de difamación y, cuando escribo, tengo cuidado de no cruzar nunca la línea amarilla del insulto o la difamación. No nos hace inmunes a las quejas, pero nos da una buena oportunidad de no perder demasiado dinero en caso de un juicio. Todo iba bien hasta que llamó Florent por teléfono...

"Está pasando algo loco", me dice.

Pensé que tal vez había conseguido una exclusiva con el Dalai Lama y quería que lo acompañara a filmar un retiro en el Tíbet. ¿O que Emmanuel Macron simplemente lo había llamado para proponerle su confesión lujuriosa y quería que yo escribiera el artículo en su nombre?

Pero no era eso lo que preocupaba a Florent, supuse:

"¿Larry Fink quiere vernos porque no le gusta que me burle de él en mi prefacio?"

—Ya casi está —responde Florent—. BlackRock es más poderoso de lo que pensabas. No quieren tu prólogo...

"Estás bromeando..."

"No, los alemanes se han quedado atascados en lo que has escrito... La editorial alemana de *BlackRock: Un poder secreto se apodera de tu dinero* , alertada por la autora Heike Buchter, se negó a que mi texto, del que ya habían sido advertidos durante mucho tiempo, apareciera al principio del libro. Mi prólogo no violaba ninguna regla, pero no les convenía."

"Dicen que estás yendo demasiado lejos. A Heike no le gusta tu visión de BlackRock. Básicamente, lo que escribiste no le gusta y la asusta un poco..."

Hubo una pausa. De repente le dije a Florent que no era tan grave.

"No es el fin del mundo. Perdí una semana. Y leí un buen libro. Bueno, para ser completamente honesto, el libro todavía era un poco aburrido..."

"También se pusieron en contacto con BlackRock y los abogados se pusieron en contacto", añadió Florent. "El agente dice que se solucionará. Espero que así sea, pero no estoy seguro. Es un poco extraño este cambio de rumbo".

Florent y yo, sin consultarnos, pensamos inmediatamente lo mismo. No era yo ni mis palabras lo que temía Heike, sino BlackRock. La historia se estaba poniendo interesante. Era una demostración contundente del poder de esta empresa omnipresente en el mundo financiero. Y una señal de que habíamos dado en el clavo. Si la reedición del libro de Heike Buchter y su pequeño prólogo (¡veintiún páginas, un chiste recurrente!) hubiera sido recibida como una carta enviada por correo, habría sido casi decepcionante. Florent quería entender por qué los alemanes habían cambiado de rumbo tan repentinamente. ¿Estaban la periodista y su editor bajo presión? ¿Se trataba de estrés de último minuto y autocensura? Esa noche, no lo sabíamos. Florent estaba abatido. Yo no tanto y mi padre se estaba impacientando.

—Ya veremos mañana, Florent...

Capítulo 04

Acabábamos de terminar el foie gras y él había cocinado dos filetes con guisantes Cassegrain que se estaban secando. Un pensamiento de Maquiavelo me rondaba por la cabeza:

"Gobernar es poner a tus súbditos en situación de hacerte daño e incluso de pensar en ello".

BlackRock, tan grande, tan monstruosa, tan llena de abogados, comunicadores y juristas, había creado una tensión psicológica entre los periodistas que probablemente les impedía siquiera plantearse hacerle daño. Algo así como: "¿Atacar a Larry Fink? Ni se te ocurra".

Eso es precisamente lo que me diría una amiga, preocupada por mi escrito sobre el tema, unas semanas después.

Detrás de mi padre, un televisor Samsung de pantalla plana, de última generación, enumeraba los muertos conocidos por Covid: el cantante Christophe, el político Patrick Devedjian, el expresidente de OM, Pape Diouf. Mi padre se lamentaba: "Son todos buenos tipos... Puede que hasta Raymond Poulidor haya muerto por esta mierda", suplicaba, sin que yo intentara contradecirlo.

Desde que falleció mi madre, intento comer o cenar con él regularmente. No podemos cambiar el mundo. Lo escucho hablarme de su mundo, que a menudo se limita a las muertes que inundan sus recuerdos, su soledad y lo que le cuenta la televisión. Y le dice mucho. Mi padre es un objetivo perfecto para su aseguradora, su banquero, su mutua de seguros, su operadora telefónica. La televisión es parte integrante de su vida. Es un Samsung con una diagonal de 135 centímetros. Mi padre, como muchos octogenarios, está abonado al Canal Sat por 79,90 euros al mes y tiene a su disposición un montón de canales. Mi padre, como muchos octogenarios, ha comprado el abono todo incluido y no sabe cómo deshacerse de él. Bolloré compra yates gracias a estas suscripciones.

Mi padre puede ver canales de cocina argelina, windsurf, yoga, Canal Frisson, Canal Polar, Canal Adult Only, canales de golf, kung fu, meditación, aprender persa y mandarín, todo mientras su universo televisivo se centra principalmente en los informativos que ve en repetición en LCI, BFM, CNews, los informativos de la noche de France 2 o TF1 y las noticias de France Lorraine. La vida de mi padre está marcada por las noticias.

Tuve que explicarle cómo se ven los partidos de fútbol en BeIN Sport, que a veces vemos mientras comemos foie gras y queso gruyère. Bebemos a tragos nuestras últimas botellas de Pomerol. Generalmente, después de la primera, cuando quiere abrir la segunda, le digo que no, porque me queda mucho camino por recorrer. Y luego, en el descanso, cambio de opinión. Tenemos nuestras costumbres. Mi padre debe pasar unas ocho horas al día, desde el otoño hasta principios de la primavera, delante de su televisor. Tiene una relación especial con él. En primavera y verano, reduce su consumo a la mitad y pasa tiempo en su jardín.

Mi padre es un buen ejemplo de la influencia de BlackRock en el cerebro y el comportamiento humano. A pesar de sus ochenta y cinco años, tiene una mente aguda y se interesa por la política y un poco por la bolsa. Recibe una buena pensión que cubre en gran medida sus necesidades y tiene un seguro de vida, que teme que, debido a la crisis, acabe siendo absorbido por los bancos en quiebra. Aunque ya no le preocupa, le preocupa el regreso de la pensión de capitalización que Emmanuel Macron, Édouard Philippe, la derecha liberal, el movimiento "En Marche" y Larry Fink intentan hacer pasar, a pesar del virus.

"La población está envejeciendo, es normal que los jóvenes trabajen más que nosotros. Al final, fuimos una generación de privilegiados", confiesa mi padre, repitiendo lo que le explicaban los columnistas de BFM, LCI o CNews en interminables debates.

Columnistas = grandes cabrones. Lo sé, es algo límite, fácil y vulgar, pero es tarde. Y es mi libro; hago lo que quiero.

Capítulo 05

A la vuelta, tras pagar tres euros en peajes en Vinci y repostar bajo el cielo estrellado, intenté encontrar un lugar cerca de Metz –un pequeño punto en el mapa– donde BlackRock y Larry Fink no tuvieran ningún control. Pero la hidra con tentáculos que es BlackRock poseía más del 5% de Vinci (los peajes), Engie (energía) y Samsung (televisores). Tenía participaciones en Ariane (cohetes) y Eutelstat (satélites) y colaboraba con investigadores de la NASA y Google en robots capaces de viajar al espacio. BlackRock también había invertido en productos lácteos (incluido el queso que habíamos comido), cría de ganado, guisantes Cassegrain y zanahorias (a través de sus acciones en Bonduelle, la empresa matriz) y vino, especialmente los grands crus, en los que anima a sus clientes a invertir. En enero de 2018, BlackRock incluso copublicó un estudio destinado a tomar participaciones (a través de sus famosos ETF) en los grandes vinos de Borgoña y Burdeos.

Seguí pensando. BlackRock posee casi el 5% de Vivendi, la empresa matriz de Canal y CNews, y Bouygues, la empresa matriz de TF1 y LCI. Un fondo kuwaití, que invirtió en BeIN, también es accionista de BlackRock. Incluso el coche que conducía esa noche, mi viejo Jaguar, era en parte propiedad de BlackRock a través de su participación de más del 5% en Tata Motors. Si hubiera conducido un Peugeot, un Renault o un Volkswagen, habría sido lo mismo. ¿La gasolina en mi tanque? BlackRock posee más del 5% de Total.

Desde la elección de Emmanuel Macron, Larry Fink ha visitado varias veces el Palacio del Elíseo. La última visita fue en enero de 2020 con motivo de la iniciativa "Choose France": tras el Brexit, Macron y su equipo, dirigido por él personalmente, redoblaron sus esfuerzos para atraer a inversores extranjeros. El informe de BlackRock sobre los ahorros para la jubilación ha influido significativamente en la administración de Macron y en Bruno Le Maire, con quien Larry cenó en Nueva York en junio de 2017, poco después del anuncio del Brexit. Al preguntar "¿por qué BlackRock es tan poderosa en la Francia de Macron?", el periódico *Marianne* fue uno de los primeros en abordar la espinosa cuestión –en gran medida ignorada por otros medios– de la influencia de Larry Fink y BlackRock en el Elíseo. Puede que Nicolas Sarkozy haya dado ostentosas conferencias de 100.000 dólares para Lloyd Blankfein y Goldman Sachs en Londres y Nueva York, pero Larry Fink es más discreto en sus métodos de agradecimiento o de acercamiento a los políticos. Emmanuel Macron y François Hollande, el hombre que en su día declaró a las finanzas su enemigo, son presa fácil de BlackRock. Larry contrató a Jean-François Cirelli para que lo representara en París. Cirelli, ex director de Gaz de France, acababa de vender una joya del servicio público (el gas, la calefacción de los pobres) a Suez y Albert Frère bajo el gobierno de Sarkozy. Era el candidato ideal para este trabajo de facilitador y brazo armado de BlackRock en Francia. Mathias Thépot, el periodista de *Marianne* , entrevistó a Michel Sapin, ex ministro de Finanzas, quien compartió su experiencia de conocer a Larry, una leyenda viva con la que se topó durante las reuniones del "consejo de competitividad" de la Comisión Europea en Bruselas: "Larry Fink es uno de los que forman la opinión de este pequeño mundo un tanto maniqueo de los que toman las decisiones económicas. Es una personalidad impresionante", dice Sapin, con un dejo de admiración. "Sobre todo tiene peso su discurso sobre el atractivo económico de un país", recuerda este amigo cercano del ex jefe de Estado, François Hollande.

Marianne cuenta que el gobierno de François Hollande "hizo lo imposible" para atraer la atención de BlackRock, cuyo jefe esperaba que un presidente hiciera "reformas favorables a las empresas". "Y en este punto, podemos decir que Emmanuel Macron, para quien el atractivo de Francia para el mundo de las finanzas es un indicador político, no ha escatimado en medios. Además de reducir los impuestos sobre el capital y lanzar reformas en el mercado laboral, el seguro de desempleo, la salud y las pensiones, mantiene un contacto regular con Larry Fink", continúa *Marianne* . El gran jefe fue recibido varias veces en el Elíseo y Matignon desde que Macron fue elegido a fines de mayo de 2017, antes de que los representantes de la asociación francesa de administradores de activos fueran invitados. Bienvenido, Larry. El nuevo presidente "está haciendo todo lo posible para mostrarle al gigante de Wall Street que Francia", explica *Marianne* , "ya no es el país conocido por resistirse a las reformas económicas liberales". Los esfuerzos de Emmanuel Macron rápidamente dan sus frutos. Larry Fink llama a los inversores internacionales a apoyar a Francia. Gracias a estos estrechos vínculos entre Emmanuel Macron y Larry Fink, la deuda francesa en manos de BlackRock se duplicó en un año, alcanzando los 32.000 millones de dólares. Larry también compró acciones por valor de casi 100.000 millones de dólares en empresas del índice CAC 40. Todo está conectado. Todos están conectados.

BlackRock está en todas partes. En veinte años, ninguna multinacional del mundo se ha expandido tan rápidamente. Y ninguna empresa ha tenido tanto control sobre nuestras vidas.

Los libros a veces nacen de la ira, de la incomprensión, de un peligro que se vislumbra en el horizonte o de un sentimiento y una información que se desea compartir.

A finales de 2019, BlackRock gestionaba directamente una cartera de 7.429 billones de dólares en activos financieros. Además, 21 billones de dólares eran administrados indirectamente por BlackRock a través de su software Aladdin, utilizado por los gestores de activos más importantes del mundo, entre ellos Vanguard, el segundo mayor "rival" (y accionista) de BlackRock.

En aquel momento, la facturación de BlackRock era de 14.500 millones de dólares y sus beneficios de 4.500 millones de dólares. Esta relación entre facturación y beneficios era el doble de la media del sector, lo que convirtió a BlackRock en una máquina de hacer dinero en un sector que no lo era desde hacía mucho tiempo.

BlackRock es una anomalía.

Aunque BlackRock no tiene estatus de banco (y hace todo lo posible por evitarlo para escapar de la regulación bancaria), el megafondo de Larry Fink se ha convertido en el "banco falso" de los mercados financieros. La diferencia es que BlackRock no arriesga el dinero de sus accionistas, sino sólo el de sus clientes. Un gran truco de magia.

Si sale cara, BlackRock gana. Si sale cruz, sus clientes pierden.

Si sale cara, yo gano; si sale cruz, tú pierdes: es una broma de embaucador.

El embaucador debe persuadir, convencer y conducir. Para encontrar una buena definición de embaucador hay que recurrir al mejor de ellos, el mago Jean-Eugène Robert-Houdin, que dijo: "Un embaucador es una fábula diseñada para hacer que cada truco parezca la verdad..." Sin ir tan lejos, Wikipedia ofrece una definición interesante que inmediatamente nos trae a la mente a Larry y BlackRock: "Un 'estafador' es una persona que utiliza el habla para afirmar cualidades que seducen, enfatizando ciertas cualidades para engañar al público, generalmente para vender productos o servicios, cosas o ideas. Da a las ilusiones un carácter auténtico y evita las posibilidades de clarificación mediante el uso del engaño".

La empresa creada por Larry Fink es similar a un superoperador: el operador de operadores. El proveedor de valores en un monopolio gigante donde, pase lo que pase, todos pagan la factura...

Pero, en principio, el banco Monopoly es neutral respecto de los jugadores. Desde su creación, BlackRock se basa en los votos de los accionistas mayoritarios y de los presidentes de los consejos de administración de las empresas en las que invierte. Ya no es así. La empresa, como veremos, se paga a sí misma por todos lados y cambia las reglas del juego en función de sus intereses, que no son necesariamente los de sus clientes. Y estos intereses a veces son incluso contradictorios. Con tantos clientes e intereses, uno acaba perdiendo, tal vez intencionadamente, como en un truco de Robert Houdin.

El tamaño y la posición dominante de BlackRock superan a los de otros actores en los mercados financieros, lo que lleva a un ultimátum tácito: o estás con BlackRock o estás en contra. Estás con ella porque te hacen creer que ganarás y ganarás dinero si les dejas tomar las riendas. Esa es también la razón por la que apoyas a la empresa: la esperanza de ganar dinero discretamente pagando comisiones mínimas. Y, de hecho, a menudo ganas, pero al final del juego, es muy probable que pierdas.

Reconozco que esto es (un poco) abrupto, pero matizaré esta afirmación. Es uno de mis objetivos.

Abróchense los cinturones de seguridad...

Capítulo 06

En los días siguientes, Florent insistió ante el editor y el autor del libro para que nos dijeran qué había de malo en el prólogo. Me sugirió, con mi consentimiento, que lo modificara, pero no recibió ninguna explicación. El agente, que había actuado como intermediario para la compra de los derechos del libro alemán, acabó enviándole una respuesta de la editorial alemana, Campus, que sugería que mi texto se utilizara como comentario "aparte". Aunque consideró que mis observaciones eran "muy buenas", el editor pensó que no sería beneficioso para Heike Buchter ni para mí aparecer en la misma obra porque nuestros enfoques serían diferentes. El editor añadió que bastaría con una cita que se pusiera en la portada del libro. También me sugirió que reescribiera un nuevo prólogo muy breve de una o dos páginas, explicando por qué el libro de Heike Buchter es interesante para los lectores franceses. Insistió en que todo debía ser releído y validado primero por Heike Buchter.

Aunque el abogado de Florent volvió a leer y validó mi prólogo, la editorial teme nuestra vulnerabilidad ante el poder de BlackRock, lo que probablemente revele la verdadera razón de la retirada alemana: el miedo a una acción legal contra el libro debido, entre otras cosas, al prólogo. La propia Heike Buchter lo deja bien claro: "BlackRock ha esperado años a que le presentemos un flanco tan abierto. Nos aplastarán tan rápido que no tendremos ninguna posibilidad de salir de esto", escribe.

Nos aplastarán tan rápido que no tendremos posibilidad de salir de esto...

Estamos claramente en el reino del miedo, de la amenaza. Y de la libertad de expresión.

¿No es nuestro deber y la razón de ser de nuestras profesiones resistir aquello que amenaza con aplastarnos?

Florent había propuesto que uno de mis cuadros apareciera en la portada del libro o como ilustración en el interior. En estas obras antiguas que ya se han expuesto y nunca han causado problemas, tejo vínculos entre bancos, multinacionales y fondos de inversión. En este punto, el editor y el autor alzan la voz y llegan al punto de vista de Godwin con una rapidez asombrosa. Lo vetan, indicando que mis cuadros podrían sugerir (mi) adhesión a teorías "conspirativas". Temen que se les acuse, si uno de mis cuadros aparece en la portada, de "insinuaciones antisemitas". Heike toma la pluma y carga un poco más el bote. Rechaza esta idea de ilustración "vehementemente no sólo por razones legales sino también por razones muy personales". Por eso tampoco quiere que aparezca en el libro el enlace a la página web (de la galería que expone los cuadros). Florent me respondió al día siguiente, sin que nosotros lo hubiésemos dicho, que en caso de un proceso en Francia, el editor estaba en primera línea y que Heike Buchter no tenía nada que temer, ya que él correría con todos los gastos judiciales. Propuso añadir una nota que precisara que el prefacio sólo compromete a su autor y a él mismo. "Un prefacio debe hacer que uno quiera leer el libro, pero no es necesariamente un contrapunto para el autor. Tengo mil ejemplos de prefacios que no se basan al 100% en la tesis del autor y que abren a otra cosa o se destacan si ese es realmente el meollo del problema", escribió. Florent me mantuvo alejado de estas cartas. Probablemente tenía razón. Los intercambios continuaron durante todo el mes de mayo. El agente tomó el relevo del editor alemán y de Heike Buchter, quien, visiblemente molesta, rechazó todo contacto. Más allá del prefacio, aunque el manuscrito actualizado con nueva información ha sido validado, la periodista y su editor quieren releer la traducción francesa y piden un nuevo plazo.

La situación es tensa, porque cada uno sigue estancado en su posición. A finales de mayo llega un nuevo mensaje, firmado por el agente, que pide abandonar la idea de incluir un prefacio, "incluso reelaborado", en el libro. Ni el autor alemán ni el editor creen que, aunque me esfuerce por reescribirlo, lograremos crear un prefacio con el que se sientan "cómodos". Nuestros planteamientos estarían demasiado alejados. Sin embargo, están molestos porque aún quieren que participe en la presentación de su libro. Sugieren que mi prefacio se utilice como artículo promocional en los medios y aseguran que lamentan esta situación.

"¡Lo siento mucho!" concluye la misiva.

Y nosotros también.

El agente hace comprender a Florent que Heike tiene familia y un trabajo como periodista financiera, que vive en Nueva York y que no está dispuesta a perder su estatus y su notoriedad por un prólogo. El argumento se sostiene. Estamos en el corazón de un problema central de nuestra profesión. Cada vez más central, dado el estado de las fuerzas presentes. Estoy en buena posición, dada mi historia de diez años de lucha contra Clearstream, para saber que incluso si ganamos, los procedimientos judiciales iniciados con presupuestos ilimitados solo tienen como objetivo agotar moral y económicamente al periodista y a su director. Nunca culparé a un periodista o a un director que se rinda y tome una decisión contraria a la mía.

Ya me he explicado bastante sobre esto. Los abogados y comunicadores de Clearstream han mencionado regularmente, en los tribunales o en los medios de comunicación, mi locura, mi deseo de destruir el capitalismo (sic), mi obsesión por luchar contra ellos, mi odio a Luxemburgo. Nada más lejos de la realidad. No soy un activista de nada más que de la escritura, la ética y... la verdad. La mía, en todo caso. Encuentro con BlackRock sentimientos similares a los que tuve con Clearstream. El escándalo no es el mismo. Era paradójicamente más fácil demostrar, sobre la base de documentos y testimonios, el doble juego y las cuentas ocultas y la peligrosidad de la cámara de compensación de Luxemburgo.

Han pasado diez años. El mundo financiero se ha vuelto más complejo. Los robots comerciales se han generalizado. La velocidad de las transacciones se ha acelerado. Sus cantidades han aumentado. La inteligencia artificial ha mejorado. Sus cantidades se han disparado. Todo se reduce al comercio de alta frecuencia y a los algoritmos.

Los bancos sistémicos han crecido aún más, pero siguen siendo frágiles e interconectados. Paradójicamente, el valor de los bancos, es decir, su capitalización bursátil, se ha desplomado. Aunque BlackRock posee el 6,5% de Société Générale, esta última ya no vale gran cosa. Ha perdido el 65% de su valor en diez años. Sólo vale 10.000 millones de euros y ya nadie lanza una oferta de adquisición por ella. Es casi una humillación. Los bancos centrales ven crecer su influencia. La imprenta funciona. La burbuja especulativa crece. En este atolladero ambiental y desregulado, BlackRock hace el papel de Larry Fink. Las inversiones de la firma ganan terreno en todas partes. Larry quiere hacerlas indispensables, legales e inalcanzables. El fondo de inversión BlackRock tiene en común con la cámara de compensación Clearstream —además de que ambos manejan y almacenan billones de euros en sus cuentas— que son libres. Su gigantismo, su tecnicidad, los han vuelto materialmente incontrolables. El órgano y sus automatismos han primado sobre la capacidad humana de integrar todos los datos.

"No es la tecnología en sí lo que es tóxico, sino nuestra incapacidad para socializarla correctamente", advierte Bernard Stiegler. Es precisamente este paradigma el que nos ocupa.

Al releerme, trato de imaginar los detalles o los giros lingüísticos que podrían haber asustado a un periodista ansioso por preservar sus fuentes en el ámbito financiero. Al escribir mi prólogo, me pareció que solo estaba repitiendo la enorme e indispensable obra de Heike al conectarla con mis propios sentimientos y conocimientos de esos círculos.

No vi el problema. Sigo sin verlo.

Había leído mucho, mucho antes del libro de Heike Buchter, sobre Larry Fink y las finanzas internacionales. Él y algunos otros fueron objeto de investigaciones y de preguntas obsesivas en un momento de mi vida, alrededor de 2008, cuando Clearstream había hecho campaña contra mis investigaciones. Vi el nombre de BlackStone, de donde procede BlackRock, y el de Larry Fink aparecer regularmente en los esquemas financieros de estas finanzas paralelas. Con compras de acciones y bonos, estaban mordisqueando el capitalismo europeo. Los banqueros eran cómplices. Los jueces eran impotentes. Los políticos hacían la vista gorda.

Podríamos haberlo dejado ahí. Retomé mi prólogo y lo convertí en confeti. Florent publicó el libro de Heike, para el que ya había invertido en traducción, compra de derechos y gastos varios: casi 20.000 euros. Olvidamos que yo estaba en el origen de este proyecto editorial, al aconsejar a Florent que adquiriera los derechos del libro publicado por Campus, después de ver el documental de Arte sobre BlackRock.

En su página web, Campus, una editorial fundada en 1975, se presenta como una editorial "independiente y de éxito" con sede en Frankfurt y Nueva York. Su programa cubre una "amplia gama" de temas, con énfasis en economía, política, sociedad, historia, carreras, negocios y ciencias sociales. Además de una amplia gama de autores alemanes, Campus publica a Judith Butler, Jeremy Rifkin y Paul Krugman... "El objetivo de Campus y sus empleados es hacer avanzar a la sociedad y al individuo", presume el folleto. Los libros de Campus contribuyen a los debates políticos, económicos e históricos, y presentan los últimos resultados de investigación". Campus también se ocupa del "desarrollo personal y las carreras en finanzas y negocios". Si miras más de cerca el catálogo, encontrarás muchos libros de consejos de inversión, como *The Ingeniously Simple Wealth Strategy, How to Get Rich in Norway, Manage Your Money like a Fucking Grown-Up* ... Y, lo que es más interesante, libros que Larry Fink podría patrocinar: *Invest with Confidence after Retirement* o *Invest with Confidence in Difficult Times, Aproveche sus oportunidades de riqueza en tiempos difíciles, Estrategias financieras para principiantes tardíos Nada sin riesgo.* Te enseñan a invertir en tiempos difíciles y riesgosos.

Y no hay ningún consejo sobre cómo dar el pescado a una editorial alemana cuyo lema es también el de BlackRock. Imagínense que no tuvieran miedo de un posible conflicto con la famosa firma de inversiones estadounidense, si hemos de creer al autor y a la editorial. Campus es una filial del gran grupo Beltz (300 empleados, 120 títulos al año), una referencia en lengua alemana en psicología, pedagogía e infancia, creada en 1841. La editorial financiera es sólo una rama del grupo. La editorial independiente es, por tanto, un eslabón más de un gran grupo alemán que había hecho todo lo posible para aplastar nuestro pequeño libro, traducido por una editorial igualmente pequeña.

Capítulo 07

A finales de 2011, después de que el Tribunal de Casación fallara a mi favor en mis demandas contra Clearstream, afirmando que mi investigación era "seria, de buena fe y servía al interés general", el caso fue devuelto al Tribunal de Apelación de Lyon para evaluar el monto de los daños y perjuicios. Después de diez años de luchar contra los tiburones financieros, defenderme de las acusaciones y ver mi vida trastocada, ¿cuánto valía eso? ¿Un millón de euros? ¿Dos? ¿Tres? ¿Diez? ¿Cuarenta y cinco, como la cantidad de daños morales concedida a Bernard Tapie tres años antes? A finales de año, el Tribunal de Apelación de Lyon falló y no reconoció mis daños morales. Solo me concedieron el reembolso de mis gastos legales. En otras palabras, una miseria, considerando el revuelo que este caso había causado en mi vida y en la de mis seres queridos durante la última década. El Tribunal de Apelación de Lyon consideró que los ataques que sufrí eran, de alguna manera, parte de los riesgos de ser periodista.

En Estados Unidos, habría recibido una indemnización sustancial, pero los magistrados de Lyon, conservadores y reacios a reconocer el peso de las finanzas y de las multinacionales como Clearstream sobre nuestras economías y nuestras vidas, no querían sentar un precedente que beneficiara a otros periodistas y futuros denunciantes. Debería haber contraatacado y apelado de nuevo al Tribunal de Casación, pero estaba agotado. Quería olvidar Clearstream y sus complicaciones. No estaba deprimido, pero ya no podía hacer lo que había hecho durante tantos años: escribir. Uno de mis libros había sido prohibido y retirado de las librerías el mismo día de su lanzamiento. Fue la gota que colmó el vaso. A pesar de mi resistencia, estaba profundamente afectado. Durante meses, me senté frente a mi computadora, incapaz de escribir una sola línea coherente. Estaba agobiado por pensamientos negativos y preguntas inquietantes: ¿por qué los libros habían dejado de ser el dominio exclusivo de nuestras democracias?

Para escapar de la trampa mental y olvidar las pruebas, busqué refugio en una galería de arte en París, la Galerie W, dirigida por una pareja, Isabelle Euverte y Éric Landau. Probablemente vieron un interés en mi historia. Con Philippe Pasquet, un amigo pintor y profesor de dibujo, encontré un nuevo significado en las palabras que me perseguían. Empecé a escribir en lienzos, inventando formas. Ya no tenía fuerzas ni ganas de investigar, pero conservaba la rabia para denunciar la amenaza que intuía: el ascenso de BlackRock y la influencia destructiva de esos gigantes de la inversión en nuestro tejido económico y social.

¿Cómo llegamos al punto en que los fondos de pensiones estadounidenses deciden el destino de nuestras industrias, comercios, viñedos y vida política?

Fue durante esos períodos de retiro y reflexión cuando conocí a Lloyd Blankfein y Goldman Sachs, los destructores de Grecia; a los hermanos Koch y su financiación de causas libertarias y conservadoras a través de las fundaciones Koch Industries con sede en Wichita (Kansas); a David Rockefeller y su familia, fundadores de la Fundación Bilderberg, de la Comisión Trilateral y jefes del Chase Manhattan Bank; al Carlyle Group de David Rubinstein, que hacía favores a la CIA; a la antigua gestora de activos Fidelity, fundada en 1946 por el pionero de Boston Edward Johnson; al fondo de inversión Vanguard creado por John Bogle en 1975; y, finalmente, a BlackStone, que se convertiría en BlackRock con Larry Fink. Mis amos del mundo. Viví con ellos durante doce años.

Cuando escucho las estadísticas de Oxfam sobre el 1% de multimillonarios que gana más dinero cada año, pienso en esos individuos, en sus historias, en sus orígenes, en cómo manipularon y compraron a los políticos para construir esta red mundial y esta situación podrida, de la que es imposible desalojarlos. ¡Comprar políticos, qué escándalo! La mayoría de nuestros funcionarios electos son honestos... y así sucesivamente. ¿Cuántas veces he escuchado esta tontería cuando expresé mi frustración? Ahora sabemos, gracias al trabajo de Julia Cagé, que La République en Marche fue financiada por unos cientos de mecenas ricos que multiplicaron sus donaciones deducibles de impuestos de 7.500 euros apelando a todos los miembros de la familia. Estaban ansiosos por ver a un presidente eliminar el ISF, lo que les permitiría recuperar sus inversiones. Vimos cómo el multimillonario Marc Ladret de Lacharrière fue generoso con

Pénélope y François Fillon, el favorito presidencial de la derecha. ¿Y qué decir de esos liberales como Laurent Wauquiez, quienes, ante la proximidad de una elección, buscaron subsidios de los operadores de Goldman Sachs o Morgan Stanley: "Esa gente apoya mi acción política y las sumas no fueron grandes", justificó Wauquiez.

Así pues, burgueses, aristócratas, ricos, rentistas y campeones de las finanzas compran a políticos como se compra una prostituta o un taxi. ¿Soy demasiado duro? Busquen este reportaje de Channel 4: un periodista se disfraza de lobista y se reúne con Stephen Byers, un influyente diputado de la Cámara de los Comunes, ex secretario de Estado de Hacienda y Transportes de Tony Blair. El falso lobista le explica que quiere aprobar una ley favorable a su empresa. Byers le pone precio y acepta hacer campaña con sus colegas. Pide 5.500 euros al día por el trabajo y confiesa: "Soy como un taxi, puedes alquilarme". Jeff Bezos vio aumentar su fortuna en 13.000 millones de dólares en un solo día, el 20 de julio de 2020, a pesar de la crisis del Covid. Ese es el valor total de Société Générale. Hipotéticamente, si dejamos que Amazon prospere, Jeff Bezos, su propietario, podría convertirse en el primer billonario de la historia en cinco años. Mil billones de dólares para una persona...

Intentaba comprender lo que estaba sucediendo. ¿Por qué los países ricos y bien dotados creaban tanta pobreza? Leía artículos sobre finanzas, veía vídeos, entrevistaba a jueces, banqueros, periodistas financieros, políticos, abogados y policías. Entre mis libros de cabecera había obras como *Todos los poderes confus* (EPO, 2003) de Geoffrey Geuens y *La Finance imaginaire* del mismo autor (Aden, 2011). Sus apéndices contenían interminables listas de accionistas y miembros de los consejos de administración de bancos, empresas comerciales, multinacionales y medios de comunicación. "Revelar todas estas redes entrecruzadas de intereses y colusiones es trazar el verdadero organigrama de la globalización de las grandes potencias. Indispensable para entrar conscientemente en la resistencia", afirmaba la contraportada del primer libro. En casi veinte años, nuestra resistencia no ha sido muy feroz, aunque nuestra conciencia se haya forjado y endurecido.

Establecí contactos y tejí redes. Busqué a los hombres que se escondían detrás de los sistemas. ¿Quién tenía las llaves de esas rutas, cajas fuertes, fondos de inversión y compañías offshore? ¿Quién decidía el cierre de fábricas, compraba medios de comunicación, corrompía a funcionarios o influía en las películas que se proyectaban en la ciudad? ¿Quién determinaba nuestros gastos de fin de mes y pretendía privatizar nuestras pensiones y protecciones sociales? ¿Cómo se podía hacer periodismo y publicar información original en un mundo donde todo parecía comprometido? ¿Escribir podía salvarme? ¿Salvarnos? ¿Qué espacio tenía un periodista, un escritor o un editor? Estas preguntas me perseguían y, en el estudio de los Abbesses, imaginaba y construía planos ramificados donde estos nombres que grabé con tiza blanca sobre fondos negros pintados y repintados se repetían constantemente: Larry Fink, Lloyd Blankfein, Timothy Geithner, Frank Carlucci, David Rockefeller, los hermanos Koch y muchos otros.

Estos cuadros, dibujos y escritos ilustran, acompañan y componen hoy este libro. Cuanto más leía y cuestionaba el poder de las finanzas, girando en torno a las estrellas y a los rentistas de las finanzas y de los fondos de pensiones norteamericanos, más comprendía sus mecanismos íntimos. El dinero significa poco una vez que se alcanza cierto umbral de riqueza. Se vuelve exponencial y desvinculado de la vida, corrompiéndola y creando una relación paranoica con los demás. Cualquiera puede caer y pasar al otro lado. Hacerse rico, perderlo todo o disfrutar del dinero se vuelve intrascendente a los mil millones de dólares. La riqueza nunca es un fin en sí misma. Creo que Larry lo entiende. Su fuerza motriz no es simplemente acumular riqueza sino mantener el poder y seguir creciendo sin descanso. Si dejas de invertir en ese entorno, mueres. Siempre apuestas el último. Cuanto más rico eres, más fácil es. Y cuando te vuelves demasiado grande para quebrar, eso es bueno. Si caes, otros caen contigo. La multinacional de Larry Fink se ha vuelto tan vasta que nadie puede medir sus contornos y raíces. Es una galaxia, parte del aire que respiran las empresas más importantes del planeta.

Capítulo 08

Así, durante el verano de 2012, realicé estos lienzos. Fueron treinta y uno, pintados en un mes de vida en reclusión. Veintiún lienzos que se suceden y encajan entre sí, y unos diez más que diseñé como una unidad especial. Estaba poseído por esta monomanía de desarrollar planes. Mi visión del poder y de la vida terrenal. En muchos lienzos –hoy me doy cuenta– volvía a aparecer el nombre de Laurence Douglas Fink –conocido como Larry–, así como BlackRock, o BlackStone, su versión primitiva.

Sobre fondos negros, establecí vínculos entre accionistas de fondos de inversión y empresas cotizadas: Coca-Cola, Chevron, Pepsi, Exxon, Total, Axa, BNP Paribas, Siemens, Enron, General Electric, Merrill Lynch, Barclays, Vanguard, Fidelity y BlackRock. Busqué casos de lavado de dinero que habían aparecido en la prensa, señalando por el camino a los bancos cómplices y sus sociedades offshore. Añadí verbos como "comer, amar, destruir, esconder, tomar, robar ". Introduje frases como "el arte de ignorar a los pobres". Un año después, en una exposición, un coleccionista me habló del artista Mark Lombardi y de sus planos y mapas. Lombardi había pasado de pintar y dibujar a hacer del periodismo de investigación un arte. Y yo, sin saberlo, estaba tomando el camino diametralmente opuesto. Tras exponer en importantes museos estadounidenses, Lombardi se suicidó en 2000. Fue encontrado ahorcado en su pequeño estudio de Brooklyn, un mes después de la exposición más importante de su carrera en el Museo Whitney de Nueva York. Había expuesto su obra más monumental: tres metros y medio por un metro treinta y dos. Valor: cinco o seis millones de euros...

La obra que tituló BCCI-ICIC & FAB 1972-91 (4ª versión, 1996-2000) retrata la quiebra del BCCI (Bank of Credit and Commerce International), un enorme banco islamista anglopaquistaní apodado "el banco del crimen y la corrupción". En él se mencionaba el nombre de Osama Bin Laden, así como sus vínculos con la familia Bush. Cuando descubrí su monumental lienzo, para mí fue un shock increíble. Conocía bien la historia del BCCI y de sus protagonistas, ya que la había tratado en un capítulo de mi primer libro sobre Clearstream. La firma luxemburguesa había realizado transacciones incluso después de que las autoridades judiciales hubieran ordenado congelar las cuentas. Fue entonces la quiebra bancaria más sonada del planeta. Desde entonces, Lehman Brothers lo ha superado. El BCCI estaba presente en setenta y tres países. Las pérdidas se estiman en nueve mil millones de dólares. Todas las filiales en el mundo fueron cerradas el 7 de julio de 1991. El origen de esta quiebra se encuentra en el descubrimiento por parte de la DEA (Drug Enforcement Administration) estadounidense de tráfico de drogas con Colombia. El BCCI blanqueaba el dinero de los narcotraficantes con la complicidad de algunos políticos.

Después del 11 de septiembre de 2001, los agentes del FBI estudiaron en profundidad la obra de Lombardi y pasaron días en el museo fotografiando cada trozo de lienzo para reconstruir el itinerario y la financiación de los terroristas. Lombardi utilizó artículos de prensa e informes de la DEA, como el de John Kerry. Hizo conexiones que nadie se había atrevido a hacer antes que él. Era hiperlúcido, meticuloso y obsesivo. Su fuerza motriz como artista-periodista podría resumirse así: todo lo que buscamos y parece misterioso e inencontrable lo sabemos, ante nuestros ojos. Pero demasiados obstáculos mediáticos, políticos o legales nos impiden verlo.

Así que lo voy a exponer. Nadie quiere ver lo que yo veo. Veo lo que nadie ve. Mira... pongo sobre lienzo, en museos o galerías, lo que ya nadie lee en los periódicos. Llevo el escándalo hasta el paroxismo.

Crear, si no resolver el problema, una obra de arte. Un objeto puro e incorrupto.

Lombardi había llegado a un punto sin retorno. Digamos que, a mitad de este trabajo introspectivo y personal, llegué a la misma conclusión. Sobre todo porque la quiebra de la BCCI fue el origen del escándalo Clearstream. Todo es cuestión de ramificaciones.

La muerte de Lombardi está envuelta en un gran misterio. Algunos, incluso sus allegados, creen que fue asesinado. Incluso su página de Wikipedia arroja dudas: "Mark Lombardi es un artista contemporáneo estadounidense nacido en Syracuse el 23 de marzo de 1951 y murió el 22 de marzo de 2000 en Nueva York, Williamsburg, oficialmente por suicidio".

En 2013 volví a Brooklyn para seguir los pasos de Lombardi. Allí vivía mi hija. Visité su barrio y conocí a uno de sus amigos. Quería escribir un libro. Y desistí, arrastrado por la vida. Quizá tenía miedo de lo que iba a descubrir. Tengo una vaga idea de las razones de este suicidio. Como cualquier artista que se sacrifica por su arte y su pasión, Mark Lombardi se perdió en el camino. Se dijo a sí mismo que su vida tenía que convertirse en una obra de arte. Y que sólo su muerte podía permitirlo. Empapado en whisky, perdido en sus esquemas de pensamiento, se lanzó, dejando tras de sí notas inquietas, una cantidad de tarjetas Bristol escritas a mano cuidadosamente ordenadas (quince mil) y un taller desordenado.

Mark Lombardi creía que podía competir con lo que aún no existía. Una inteligencia artificial capaz de interpretar tantas conexiones. Aladino. Debió tener la premonición de que todo lo que había emprendido durante todos estos años era inútil. La única manera de dar perspectiva a su trabajo era ahorcándose de una cuerda. Y desaparecer.

Los diagramas de Lombardi nacieron de la insaciable curiosidad del artista por los escándalos gubernamentales. Durante años, primero como investigador y luego como bibliotecario en Houston, documentó minuciosamente las redes de alianzas entre los mundos de la política y las finanzas a escala global. Su investigación lo llevó tras los pasos de George Bush y Bill Clinton, a través de los círculos cerrados del Vaticano, la mafia, el tráfico de armas y drogas, el terrorismo y la corrupción. Las obras que produjo a partir de ellos dibujan la topografía de un sistema de poder, alimentado por transacciones financieras y sacudido por condenas judiciales, durante un período comprendido entre los años 1930 y 1990. Se puede ingresar a los dibujos de Lombardi desde cualquier punto del mapa. La interacción de fuerzas políticas, económicas y sociales toma la forma de una red compleja. La mirada se siente atraída espontáneamente hacia ciertos nodos de convergencia de los que irradia una concentración de líneas. Estos arcos apuntan a nodos secundarios, que rebotan y se despliegan nuevamente para formar las ramificaciones de un sistema de puntos interconectados. El espacio en el que Lombardi sitúa estos sistemas es relativo, flexible, extensible...

La autora de estas líneas es investigadora del Instituto Nacional de Investigación Científica de Montreal. Su nombre es Nathalie Casemajor Loustau. Nuestro agradecimiento.

Capítulo 09

Los nombres de Larry Fink y su BlackRock volvieron como un mantra. BlackRock y los BlackRockers: así se les llama en los círculos financieros. Así es como se investigan y se cooptan entre sí. Los tipos duros. Los Blacks. Nada que ver con el hard rock o la música. Larry, que creó una compañía discográfica llamada Octogone, es más fan de la música californiana. Le debían gustar los Beach Boys. Octogone ya ha desaparecido. Todo tiene que ver con el orgullo de serlo y con una buena dosis de oscuridad, por lo tanto, cinismo.

En 2012, Larry ya estaba en casi todas partes. En 2020, estaba en todas partes. Había aplastado a todos sus competidores con su presencia, gracias a factores que no siempre estaban bajo control. Larry Fink está solo en el mundo. Es el hombre más informado, o el hombre más poderoso del mundo. Larry Fink es, durante unos años más, un discreto Amo del Universo. BlackRock es su tapadera. Aladino su algoritmo. Y Heike Buchter la primera biógrafa de sus hazañas. Heike, periodista de *Die Zeit* , vive en Manhattan desde hace diecinueve años y frecuenta Wall Street para recabar información sobre los gigantes financieros. Escribió su libro sobre BlackRock en 2015 en alemán y desde entonces lo ha actualizado. Un documental dirigido por Tom Ockers, inspirado en parte en el libro de Heike, se emitió en Arte en 2019. La lucha contra la reforma de las pensiones hizo el resto. Vimos a Larry y BlackRock aparecer en los informativos de televisión en horario de máxima audiencia. El público se enteró de que Jean-François Cirelli, exdirector de Gaz de France, ahora director de la filial francesa de BlackRock, fue condecorado con la Legión de Honor por Emmanuel Macron. Vimos a los activistas de Jóvenes por el Clima ocupar las oficinas parisinas de la multinacional y ser detenidos por la policía.

Cabe señalar que, a pesar de los discursos oportunistas sobre la necesidad de salvar el planeta del calentamiento global, BlackRock, una entidad fría y esquizofrénica, hace ganar mucho dinero a sus inversores financiando la industria de los combustibles fósiles, contribuyendo así a la destrucción del medio ambiente. "El cambio climático es ahora un factor determinante en las perspectivas a largo plazo de las empresas", escribe Larry en su carta anual de principios de 2020, dirigida a los empresarios con los que BlackRock tiene relaciones. "Verificaremos que las empresas gestionen y controlen adecuadamente estos riesgos como parte de su negocio. A falta de informes precisos, los inversores estarán cada vez más inclinados a concluir que las empresas no están gestionando los riesgos de forma adecuada". Larry promete que en el futuro votará "más fácilmente en contra de la dirección y los directores de las empresas que no estén avanzando lo suficiente en la presentación de informes de sostenibilidad". Los informes...

En un artículo publicado en *Les Échos* , Lucie Pinson, portavoz de Amigos de la Tierra, expresa su enfado y lamenta que BlackRock se suba al carro de la revolución mientras continúa, a través de sus inversiones en ETF, fondos cotizados o acciones de la industria del petróleo o del carbón, financiando minas o yacimientos ultracontaminantes: "El umbral elegido no cubre a algunos de los mayores productores de carbón, entre los que se encuentran más de un centenar de empresas que planean nuevas minas..."

El Foro de Davos, a finales de enero de 2020, fue un gran momento de lavado de imagen. "¡El mejor amigo de Greta son las finanzas!", titulaba *La Tribune* el 17 de enero de 2020. "En Davos, con motivo de la quincuagésima edición del Foro Económico Mundial, la activista Greta Thunberg se reunirá con Donald Trump, pero también con Larry Fink, el jefe del fondo BlackRock para quien "el riesgo climático se ha convertido en un riesgo financiero"", explica su director editorial en un editorial. Este último había señalado en una encuesta que, de los riesgos globales percibidos por setecientos cincuenta dirigentes empresariales, las cinco primeras preocupaciones estaban relacionadas con el medio ambiente. Larry, la estrella estadounidense del Foro, se esfuerza por alardear de su giro ecologista, por dar las gracias a Greta Thunberg y por explicar a cada micrófono que le ponen delante que ha tenido una especie de revelación ecologista. Larry asegura que todo va a cambiar, que la inversión sostenible se ha convertido en la principal palanca de acción. Promete transparencia y se compromete a liquidar las inversiones que presenten un alto riesgo para el clima. "En su carta anual a sus clientes, 'Larry' también es 'Greta', anuncia el editorial de *La Tribune* , "pero con argumentos contundentes y vacilantes: 'El riesgo climático se ha convertido en un riesgo financiero. En cualquier caso, en el mundo de las finanzas, en el que BlackRock vale 7,5 billones de dólares, ya nadie esconde la cabeza bajo la arena. Las empresas, los inversores y los gobiernos deben prepararse para una importante reasignación de capital en el futuro próximo, antes de lo que la mayoría de la gente prevé', escribe Larry Fink".

¿Transparencia? ¿Un cambio ecológico? ¿Lucha contra el calentamiento global? En muchos artículos complacientes, observo que Larry se muestra modesto y ahorrativo y explica que utiliza aviones comerciales para sus viajes y que él mismo lucha contra el calentamiento global a su nivel. Me interesaron los últimos viajes de Larry a Francia. Se registraron cinco viajes en aviones civiles. Volveremos más adelante sobre el propósito de estos viajes. Todos se hicieron en aviones privados. Y no en cualquier avión: Gulfstreams. El Rolls-Royce de los aviones. Aviones de lujo con un consumo de queroseno muy alto. BlackRock posee tres de ellos.

A bordo de su Gulfstream G550 N3788B, Larry viajó a París el 23 de noviembre de 2017, el 9 de noviembre de 2018, el 4 de febrero y el 15 de marzo de 2019. Su avión fue comprado por 56 millones de dólares en 2012 y consume quince toneladas de combustible para recorrer once mil kilómetros.

Larry también compró un Gulfstream G650 usado en diciembre de 2019, N1777M, con el que voló a París el 20 de enero de 2020.

Finalmente, BlackRock compró en 2016 un Gulfstream G600, N10199, entregado el 18 de mayo de 2020. El avión aún no ha salido de EE. UU. Está oculto bajo el nombre de la institución financiera TVPX Aircraft y es operado por una empresa fantasma, 2020 MSN 73021 Statutory Trust, Wyoming, según los documentos que pude consultar. Lo más interesante es su consumo. Estos jets comerciales de largo recorrido consumen mucho más por pasajero que los aviones de fuselaje ancho bien llenos: tres litros por pasajero por cada cien kilómetros recorridos para los aviones de fuselaje ancho. En comparación con los veintiocho litros por pasajero del jet de Larry. En general, un Gulfstream G550 no transporta más de cuatro pasajeros.

Ninguno de los aviones de BlackRock viajó a Francia en 2015 y 2016. Así que fue la elección de Emmanuel Macron lo que empujó a Larry a venir a respirar el aire de París. Y para un recién convertido a la ecología, uno solo puede sentirse preocupado por este don de la ubicuidad y esta propensión al lavado de imagen ecológico. Larry me recuerda a un tipo que conducía un Lamborghini Veneno y vestía camisetas de algodón ético y ecológico con el logo "Join the Green Side".

Capítulo 10

Hemos escuchado numerosos comentarios que indican que Larry Fink ha influido en Emmanuel Macron para que sacara adelante su reforma de las pensiones. Hemos visto una foto de Larry Fink con sus empleados y Emmanuel Macron en uno de los salones del Elíseo, donde el presidente los recibió discretamente.

En abril de 2020, la prensa, repentinamente alerta y preocupada, informó que una filial de BlackRock había ganado una licitación de la Comisión Europea para asesorar a sus nuevos dirigentes en materia climática.

La Defensora del Pueblo Europeo, Emily O'Reilly, abrió en julio de 2020 una investigación sobre este contrato público adjudicado a BlackRock por la Comisión. Esta investigación se produjo tras una denuncia de ochenta y cuatro eurodiputados, en su mayoría ecologistas, que temían que la multinacional, encargada también de la auditoría de los bancos, tuviera la misión de informar y supervisar al sector bancario sobre la integración de "factores medioambientales y sociales en sus proyectos". Emily O'Reilly señaló que "para ganar el contrato, BlackRock presentó una propuesta significativamente inferior a la de sus siete competidores". BlackRock ofreció 280.000 euros, mientras que las ofertas de los otros candidatos se acercaban más al límite de 500.000 euros.

"No es la ganancia por el servicio lo que interesa a la empresa, sino la oportunidad de participar, en la fase inicial, en la definición de los criterios de sus futuras inversiones", explica a La Croix Pascal Durand, eurodiputado, ex-Verdes, ahora Enmarcheur. La mezcla de géneros es evidente para BlackRock: "¿Es consciente la Comisión de que su decisión conduce a un conflicto de intereses cuando una empresa define orientaciones sectoriales que deberá seguir?", se preguntan los eurodiputados. Para Jean-Marc Jancovici, un experto en clima citado en el artículo: "La Comisión ha decidido confiar a un estadounidense la tarea de sugerir reglas prudenciales para Europa, y confiar a un gestor de activos la tarea de sugerir reglas que le permitan integrar la "sostenibilidad", lo que crea un importante conflicto de intereses". En un año, hemos conocido a BlackRock en muchas formas, sin entender del todo qué era y cómo funcionaba esta enorme empresa financiera con sede en Manhattan. De repente parecía culpable de todos los males y de muchas palabras. El libro alemán, traducido por primera vez al francés y actualizado, llena este vacío. El libro es estimulante. El periodista nos lleva de la mano e intenta, con anécdotas, breves retratos, recordatorios históricos y pedagogía, hacer inteligible el ascenso de BlackRock y poner de relieve el peligro que supone permitir que esta firma con poder secreto prospere sin control.

Abandoné la idea de publicar mi prefacio y no escribir sobre él.

El 12 de mayo, en el sitio web Média.tv, el octavo episodio de mi diario de confinamiento, "Asignado a la resistencia", se titulaba "BlackRock te vigila". Una ilustración mostraba a Larry Fink como Gran Hermano. El editorial comenzaba así: "Mientras lidiamos con la epidemia, olvidamos que BlackRock es un virus igualmente peligroso a largo plazo, que erosiona nuestras vidas, nuestra privacidad y nuestras cuentas bancarias. Y actúa en la sombra. BlackRock prospera como la mafia. Cuanto menos hablamos de ello, más actúa. Y Larry Fink, el jefe de sesenta y ocho años con el porte afable de un clérigo, es un padrino que esconde su juego para robarnos mejor los bolsillos..."

En retrospectiva, y considerando la actitud del editor alemán y del autor del libro, me pregunto si leyeron este texto y lo malinterpretaron. No estoy afirmando que Larry sea un miembro de la mafia o que BlackRock sea una rama de la Cosa Nostra. Estoy utilizando una metáfora cuya sutileza puede haber escapado a nuestros amigos alemanes.

Florent duda entre publicar un libro que empieza con mal pie o iniciar una tediosa batalla jurídica para reclamar todo o parte del dinero invertido en la publicación y traducción del libro.

Como no tengo contacto directo con el agente, el editor y el autor, le envié a Florent una carta dirigida a ellos, indicándoles que tengo la intención de escribir sobre BlackRock y que su negativa a publicar mi prefacio será parte integral de esta historia.

En el momento de escribir esta carta, no estoy segura de que vaya a ser un libro, aunque tengo la sensación de que el material está ahí. Y todavía no tengo editor. He hablado vagamente de ello con mi amigo y editor Bernard Barrault, que publicó mis novelas anteriores (Les Rapports humains, 2017) y mi investigación sobre Charlie Hebdo (Mohicans, Julliard, 2015), pero Bernard no está disponible para el inicio del año escolar 2020, ya que deja Julliard para crear una nueva editorial. Me digo a mí misma que encontrar un editor no es el problema. Quiero escribir primero. Para ello, necesito tiempo. Lo tendré en agosto. La decisión de que Florent publique el libro no llegará hasta septiembre de 2020, después de leer las primeras líneas. Naturalmente...

Querida Heike, querida editorial alemana:

Cuando Florent Massot me dijo que no quería mi prólogo porque, si he entendido bien, iba más allá del libro y podía plantear problemas jurídicos, al principio pensé que era una broma. Pero no, eso es lo que realmente pensó. Huelga decir que estoy acostumbrado a estas preguntas y mi prólogo no contiene ninguna difamación ni plantea ningún problema jurídico.

Aparte de la grosería de condenar una obra que fue encargada y planificada durante mucho tiempo sin explicación, me gustaría entender qué es lo que te motiva. ¿Hay algún párrafo o palabra en particular que se me haya escapado?

¿Teme Heike que yo ensombrezca su promoción? Si es así, estoy dispuesto a escucharlo, pero me parece exagerado y una mala interpretación de mi trabajo. El prólogo habría ayudado sin duda a promocionar el libro. ¿Quizá mi reputación? ¿Los numerosos juicios que he tenido y ganado contra Clearstream, cuya empresa matriz es alemana? ¿Está al tanto de mis victorias legales? Dicho esto, realmente no veo cómo este prólogo no beneficiaría al libro y sus ventas. Pero tal vez no quiere que el libro tenga éxito en Francia? ¿Quizás le preocupa que mi participación perjudique sus relaciones con los financieros de Wall Street, que seguramente son fuentes que podrían agotarse? ¿O tal vez le preocupa su trabajo como periodista y corresponsal de un importante periódico en Alemania?

Estoy perdido en conjeturas. Quisiera que respondieras a mis preguntas, que no están motivadas por animosidad o orgullo herido, sino por un deseo genuino de comprender. Mi pregunta es periodística y seria.

Escribiré sobre BlackRock e informaré a mis lectores de lo que se debe llamar la censura de este prefacio. Es una pena, ya que su libro, aunque algo anticuado, es estimulante. Aprendí cosas sobre Larry Fink, Aladdin y la construcción de BlackRock al leerlo. No tenía ni tengo ninguna intención maliciosa hacia usted.

En resumen, querida Heike, querida editorial alemana, gracias por considerar mi carta como una pregunta de un periodista a otro periodista y a su editorial. Tu respuesta –o tu negativa a responderme– formará parte de la historia y de la investigación que pienso escribir este verano sobre BlackRock.

Tema fascinante que requiere rigor y libertad.

Tuyo.

El 15 de julio envié esta carta a Florent Massot, pidiéndole que se la enviara a Heike Buchter a través de su agente. Él la envió a sus contactos alemanes el 14 de agosto. Lo retrasó porque no estaba seguro de si iba a publicar el libro de Heike y ella estaba postergándolo. Al momento de escribir esto, creo que él todavía no lo sabe.

Capítulo 11

BlackRock ya no tiene accionistas importantes como hasta mayo de 2020, cuando el mayor, un importante banco de Pittsburgh, vendió sus participaciones. Su capital pertenece ahora a una multitud de accionistas, entre ellos su competidor Vanguard, que posee más del 5%, así como una importante sociedad de inversión kuwaití y otros gestores de fondos estadounidenses, japoneses o chinos. A finales de 2019, el grupo gestionaba cerca de 7,5 billones de dólares y empleaba a 16.200 personas en 30 países. BlackRock asesora e invierte el dinero de sus clientes en empresas de un centenar de países, principalmente en América y Europa. El mercado asiático, que representa el 10% de sus actividades, ofrece perspectivas brillantes. A pesar de estas cifras y de la curva evolutiva de sus ganancias, la firma mantiene un perfil bajo y minimiza su rotundo éxito. Larry Fink quiere ser impenetrable, hablando únicamente a través de la dirección del grupo.

Larry Fink, que está mejor informado sobre el estado del mundo financiero y, por lo tanto, es más poderoso que Warren Buffett, Bill Gates, Mark Zuckerberg o Tim Cook juntos, quiere aparecer como un tipo normal dedicado al crecimiento, las ganancias y la prosperidad de sus clientes. Se presenta como el anti-Gordon Gekko, el personaje de Wall Street interpretado por Michael Douglas en la película de Oliver Stone donde "el dinero nunca duerme". A diferencia de Larry, que pretende hacerse pasar por el estadounidense medio, se le presenta como alguien que lleva un estilo de vida sencillo: pijama, té de hierbas y en la cama a las 10 de la noche, sin coca, sin alcohol, sin vicios.

En su libro, Heike Buchter describe a Larry como una figura monocromática, que refleja la imagen que de él hace la prensa financiera. Esta imagen coincide con la que quiere proyectar el hombre más influyente de Wall Street. El éxito de Larry se atribuye a la educación que recibió su padre, un hombre de negocios, en Los Ángeles, donde aprendió el oficio de vendedor de zapatos a los diez años. Esta historia se repitió en la televisión durante su última visita a Davos. Tras unos estudios brillantes, entró en el banco con el fervor de un evangelista. En el

First Boston, cosechó grandes éxitos hasta sufrir una desastrosa pérdida de 100 millones de dólares debido a la falta de previsión en el mercado inmobiliario. Este revés inicial resultó ser fundamental. Larry se incorporó en 1988 a BlackStone, un fondo de inversión de Nueva York, donde dirigió la unidad de riesgos. Ese año, los benefactores de Larry fueron dos destacados banqueros: Stephen Schwarzman y Pete Peterson. Ambos eran republicanos de derechas con tendencias libertarias. Peterson había sido secretario de Comercio bajo Nixon, y Schwarzman, quien comparó a Obama con Hitler durante una reunión de accionistas en 2010 sobre una propuesta de aumento de impuestos, es un partidario de Trump conocido por sus gastos extravagantes, como contratar a Rod Stewart para su cumpleaños.

Los dos multimillonarios le adelantaron a Larry 5 millones de dólares para que iniciara su fondo. Adquirieron una participación del 50% en lo que llamaron BFM (BlackStone Financial Management) y ofrecieron el 50% restante a Larry y su equipo. El origen del nombre BlackRock refleja el apellido de Schwarzman, "Schwartz" (negro en alemán), que dio lugar a "Black" en BlackStone y luego a BlackRock, y el primer nombre de Peterson, "Peter", que contribuyó a "Rock".

Larry tenía visión y tenacidad, pero le faltaba imaginación. En 1988, recién salido de su fracaso en First Boston, no previó que más tarde bautizaría su empresa con el nombre de BlackRock y conseguiría un éxito significativo. La inevitable ruptura con Schwarzman parecía probable, pero podría haber sido fingida. Según fuentes bien situadas, Schwarzman, apodado "Schwarzy el Loco", podría seguir apoyando a Larry entre bastidores. La leyenda de Larry como banquero solitario lucha contra la realidad de Wall Street, donde las alianzas son cruciales. Larry necesitaba apoyo para facilitar la expansión masiva de BlackRock y hacerla aceptable para los banqueros de inversión y los campeones del capital privado.

En una entrevista poco frecuente con la CNBC en 2010, Larry reflexionó sobre su mayor error y lo atribuyó a no tener la suficiente confianza para crear su propia empresa de inversiones en gestión de riesgos. Elogió a Schwarzman y Peterson por creer en él y en su decisión de inversión.

En 1994, Larry estaba listo para liberarse de sus patrocinadores, lo que provocó tensiones en las relaciones. Convenció al banco de Pittsburgh PNC (Pittsburgh National City) para que invirtiera 240 millones de dólares para comprar las acciones de Schwarzman y Peterson. Schwarzman, que estaba atravesando un divorcio, necesitaba efectivo y más tarde lamentaría esta decisión. Con PNC como socio discreto que poseía el 25% de las acciones, Larry tuvo libertad para ampliar su negocio e invertir en gestión de riesgos, incluida la creación de Aladdin. Larry confió en Rob Kapito, un amigo de First Boston, y contó con el apoyo de una junta directiva diversa, que incluía miembros de México, el Reino Unido, Kuwait, Canadá y grandes corporaciones. Notablemente, los europeos estuvieron ausentes.

Kapito sigue en BlackRock, a diferencia de PNC Financial, que vendió sus acciones en mayo de 2020 por 14.400 millones de dólares (el 22,4% del capital de BlackRock). Esta venta fue sorprendente, ya que PNC había valorado previamente sus acciones en 17.000 millones de dólares. Entre los compradores se encontraban un fondo soberano de Singapur, un fondo soberano de Kuwait y varios accionistas existentes de BlackRock, como Vanguard, State Street, Fidelity y Capital Group.

La venta se debió a la preocupación de que las autoridades bancarias estadounidenses pudieran clasificar a BlackRock como una subsidiaria de PNC, algo que Larry quería evitar. Buscó mantener el estatus de BlackRock como administrador de activos independiente, evitando el escrutinio regulatorio y manteniendo la flexibilidad. El papel de BlackRock como plataforma de gestión de fondos se complementa con sus servicios de asesoría e inversión, en los que Aladdin juega un papel clave. Esto posiciona a BlackRock de manera similar a plataformas como Uber, Blablacar o Amazon, administrando capital global sin fronteras. En diciembre de 2019, en medio de las críticas de activistas ambientales y figuras políticas en Francia por su influencia en la reforma de las pensiones, BlackRock emitió un comunicado enfatizando su papel como administrador de activos independiente que no participa directamente en los fondos de pensiones.

La obsesión de Larry es evitar que lo clasifiquen como banco, y prefiere el estatus de "gestor de activos independiente" para evadir el escrutinio regulatorio. Su preferencia por mantener este estatus refleja su deseo de evitar las restricciones y la supervisión asociadas con la banca.

Capítulo 12

En el documental de Tom Ockers, emitido por Arte en septiembre de 2019, titulado "Estos financieros que dirigen el mundo", un archivo ilustra perfectamente el peligro que supone la gestión solitaria y expansionista de BlackRock y Larry Fink. En julio de 2016, en un programa de la CNBC, que es un programa de televisión amistoso y más bien institucional donde los enfrentamientos son raros, Larry Fink, vestido con un traje azul oscuro, una corbata larga de seda y gafas de oro, está sentado en un sofá junto al administrador de fondos de cobertura Carl Icahn, un viejo lobo muy rico de Wall Street. Hay que tener cuidado con los viejos lobos, sobre todo cuando son ricos, ya que a veces se sienten invencibles y olvidan las convenciones.

Ante un Larry Fink cada vez más incrédulo y tímido, Carl Icahn dice, con un dejo de diversión: "Creo que BlackRock es una empresa extremadamente peligrosa. Y hablo en serio". Luego utiliza una metáfora para describir la situación financiera del país y el papel de BlackRock: "Somos como un autobús disco donde todo el mundo está bebiendo. Todos están allí divirtiéndose. ¿Y sabes quién lo empuja? Larry Fink y Janet Yellen están conduciendo. Son ellos los que empujan esta maldita choza". Icahn acusa a Fink y Yellen, en este programa ampliamente visto por ejecutivos y gerentes, de arriesgarse conscientemente a una nueva crisis financiera. Va más allá, sugiriendo que mientras el presidente de la Fed parece momentáneamente consciente del peligro, Larry, en una especie de borrachera temeraria y autodestructiva, está empujando a todos a cometer errores y estrellarse: "Este autobús está en camino, y Janet intenta de vez en cuando frenarlo. Janet está preocupada y Larry no está de acuerdo; "Él quiere que la fiesta continúe y los asistentes a la fiesta gritan: '¡No! ¡No frenes! ¡Nos lo estamos pasando genial!" Y se dirigen directamente hacia un acantilado. Y el autobús se dirige... Este autobús se va a precipitar, y al final hay un acantilado y ¿sabes contra qué se va a estrellar? Una roca negra... Una roca negra".

Chocarán contra una roca negra.

Carl se ríe. Larry no tanto.

En el plató de la CNBC todos se ríen, excepto el jefe de BlackRock, que murmura unas cuantas frases para decir que no tiene, ni puede tener, control sobre unos mercados financieros que podrían descontrolarse: "Están controlados por todos los que participan en ellos". Telón.

Es una secuencia impactante porque, en dos minutos, nos enfrentamos a una dura verdad. Es la televisión, lo sé. Pero precisamente la televisión, sobre todo la televisión norteamericana, y en particular en un canal como la CNBC, que suele ser benévolo con el dinero y los poderosos, hace que el intercambio sea aún más delicioso, improbable y perturbador. Un multimillonario se enfrenta a otro. Uno es un rentista, un usuario del sistema, una persona para la que el fin de mes sabe igual que el fin de un siglo. El otro es un jugador del sistema, un dios viviente de la trastienda, el hijo de un hombre pobre. El multimillonario expresa su preocupación por ver al hombre trabajador arruinar el sistema. El multimillonario es viejo. Podemos esperar que no tenga preocupaciones por su futuro. No, simplemente nos dice que, en este momento, es una mierda... Realmente es una mierda dejarle las llaves del camión a Larry... Fue a la televisión para transmitir este mensaje. El sistema sobre el que se construyó el capitalismo, que lo enriqueció pero también mantuvo atados a los pobres, está tomando quizá un camino sin otra salida que un salto al vacío si dejamos a un tipo como Larry al volante.

¿Qué puede hacer Larry, aparte de sonreír tontamente y decir que todo está bien y bajo control?

Todo en su actitud, gestos y palabras delata su gran vergüenza y expresa lo contrario.

El director general del BCE, Stefan Walter, continúa: "Los bancos deben tener más fondos propios. Antes de la crisis, tenían quizás un 8 o 9% de media. Hoy, en la eurozona, tienen entre un 13 y un 14%. Esto es un promedio, las cifras pueden variar".

Estamos tranquilos.

Hoy en día, BlackRock maneja mucho más dinero que la mayoría de los bancos, pero la multinacional está mucho menos controlada: como no es una institución bancaria y no concede créditos, no se la considera de importancia sistémica. No tengamos miedo de decir que BlackRock está fuera de control. Fuera de contacto. Lejos del mundo de los vivos, de los trabajadores, de la economía. BlackRock no es más que especulación.

Stefan Walter continúa: "Decimos que una institución es sistémicamente importante cuando es probable que, en caso de dificultad, cause un shock en el sistema financiero que podría tener consecuencias negativas para la economía real".

El tipo es el jefe del BCE. Sopesa cada palabra con cuidado. ¿Un shock? ¿Consecuencias negativas?

No estamos tan tranquilos. No olvidemos que la expresión "demasiado grande para quebrar" se inventó para los bancos y las multinacionales. No significa que los bancos o las multinacionales sean inamovibles y no puedan caer. Al contrario, significa que pueden hacerlo, pero si eso ocurriera, todo el sistema se derrumbaría. Esos bancos arrastrarían consigo a decenas de otros bancos y empresas. Al fin y al cabo, los dinosaurios también eran demasiado grandes para desaparecer.

Recordemos una frase de Alan Greenspan, entonces jefe de la Fed, que tenía más humor que el actual jefe del BCE: "Si crees que has entendido lo que he dicho es porque me he expresado mal".

De repente, me siento mejor.

El economista de Toulouse François Morin ha estudiado de forma extraordinaria el fenómeno, que considera inminente, de una crisis sistémica. Se ha centrado especialmente en la treintena de bancos llamados "sistémicos" (cuatro de ellos franceses), porque son demasiado grandes para ser controlados y están todos interconectados. "Basta con que uno de ellos pierda la confianza de los demás para que se derrumbe todo el sistema financiero mundial", advierte.

A menos que, como en 2008, los bancos centrales o el dinero ilícito vengan a salvar al sistema bancario. La crisis bancaria fue tan grave que incluso el Consejo Federal suizo se vio obligado a rescatar a la UBS, cuyas acciones se habían desplomado. Sólo había una fuente de dinero disponible a escala mundial que podía dar un soplo de aire fresco a los bancos internacionales: el dinero de la droga. Así lo explicó en un informe hoy famoso Antonio María Costa, el director ejecutivo de la ONU encargado de la lucha contra la droga y el crimen. Todas las agencias de inteligencia hicieron la vista gorda ante el blanqueo de 352.000 millones de dólares procedentes de los cárteles mexicanos. El banco estadounidense Wachovia, filial de Wells Fargo, que sirvió de intermediario, fue multado con apenas 162 millones de dólares.

Siguiendo el razonamiento y la información aportada por los testigos de Tom Ockers, nos perdemos en el camino y nos hundimos en la oscuridad. El riesgo de una crisis sistémica en este caso se basaría en la presencia de demasiados ETF vendidos por BlackRock.

La firma de Larry opera con lo que los traders llaman OPM (Other People's Money): fondos de pensiones, compañías de seguros y pequeños ahorradores. Éste es un elemento adicional que diferencia a Carl Icahn de Larry. Carl considera que el dinero que ganó (entre otras cosas, gracias a las herramientas de Larry: 15.000 millones de dólares, en total) es suyo. Larry, hijo de un comerciante de zapatos y una profesora, siempre jugará, incluso en BlackRock, con el dinero de los demás.

A partir de una inversión de unos diez millones de dólares, BlackRock ofrece asesoramiento personalizado. Por debajo de esa cantidad, para los inversores más pequeños, BlackRock ofrece su nuevo "producto" estrella, asequible y popular entre los especuladores bursátiles de todos los países: estos extraños objetos financieros llamados ETF.

¿Hasta dónde llegará BlackRock?

Larry ha construido su reputación y su éxito sobre estos fondos cotizados en bolsa. En realidad, él no negocia nada, sino que impone. Estos fondos colectivos son el último descubrimiento de los banqueros y operadores de Wall Street que

Larry ha adoptado. En lugar de comprar una acción o un bono individual, se compran muchos con un índice. Esto es nuevo (desde 2009) y los ETF van a ser muy lucrativos. "En BlackRock, somos como en una heladería italiana", explica Heike Buchter en su libro.

Tenemos decenas de sabores y colores. Podemos vender a nuestros clientes una inversión en el CAC 40 francés, en bioquímica, en coches eléctricos, en Noruega, en petróleo, armamento, energía eólica, refrescos. Elegimos lo que nos gusta y lo compramos. BlackRock se convertirá muy pronto en el supermercado mundial de los ETF, el mayor proveedor de fondos cotizados en bolsa del mundo. Recuerden, ya no compramos una acción individual, sino una cesta de varias acciones agrupadas bajo un valor, un índice bursátil. BlackRock, por ejemplo, le venderá más fácilmente 10.000 € de ETF que agrupa acciones del CAC 40 que 10.000 € de acciones de Total... BlackRock se encarga de todo... Si el CAC 40 sube, el índice BlackRock sube de la misma manera. Lo mismo ocurre en caso de caída. Ya nadie decide qué acciones comprar. El ETF sigue el valor de la selección de BlackRock que compone el índice.

Según el documental, estos ETFs representan un tercio de los activos de la compañía. El éxito de BlackRock se debe en gran medida a este brillante y formidable invento.

Justo antes de la secuencia con Larry, Robin Wigglesworth, periodista del Financial Times, reconoce que, debido a estos ETF, BlackRock necesita un mayor seguimiento. Philippe Escande, periodista económico de Le Monde, se suma a él y admite que BlackRock es ignorada o demasiado poco conocida por el público.

No es mucho, pero es un comienzo. Sin querer subestimar la calidad de mis colegas (compartimos el carné de prensa), comparto la opinión de Ernest Backes, mi primer informante en el caso Clearstream, que no dejaba de repetirme: "El periodismo financiero no existe; sólo hay periodistas pagados por los bancos". Probablemente Backes exageraba.

Capítulo 13

En junio de 2009, mientras las secuelas de la crisis de las hipotecas de alto riesgo mantenían al mundo en vilo, BlackRock adquirió la filial de inversiones del atribulado banco británico Barclays por 13.500 millones de dólares, una transacción colosal. De la noche a la mañana, BlackRock vio duplicar sus activos. Más preocupante aún, la empresa empezó a comercializar ETF muy populares y asequibles bajo la marca iShares, que rápidamente llegaron a constituir un tercio de los activos de BlackRock. Los ETF ganaron una inmensa popularidad. Desde la crisis financiera, los especuladores bursátiles, que se han convertido en las vacas lecheras del sistema, han perdido la confianza en los bancos y están buscando soluciones de inversión más rentables y transparentes, sobre todo porque las cuentas de ahorro rinden poco. En Estados Unidos, los ETF se han convertido en furor. El documental Arte lo pone de relieve, con Robin Wigglesworth del Financial Times afirmando: "BlackRock es el mayor proveedor de ETF. Esto nos ha permitido a todos ahorrar a un coste menor. Pero la enorme presión que esto ha creado ha obligado a los gestores de activos a bajar sus precios. El año pasado, el precio de estos servicios cayó a un nivel históricamente bajo: la mitad de lo que era hace veinte años. Todo el mundo ha conseguido un ahorro enorme".

Seamos sinceros: el periodista defiende los ETF. Sin embargo, este razonamiento es tautológico. Es sorprendente cómo estos periodistas, estancados en sus funciones y salarios, afirman representar a todo el mundo, incluidos los que atraviesan dificultades económicas. Pero ¿qué pasaría si todos decidieran vender sus ETF? ¿Quién salvaría el sistema?

Christopher R. Whalen, un banquero de Wall Street y testigo del documental, no está seguro. Parece evidente que una empresa de gestión como BlackRock no tiene suficientes reservas ni fondos propios en caso de desastre.

Luego nos trasladamos a Canadá, dónde David Schumacher, testigo clave del documental Arte y profesor adjunto de economía financiera en la Universidad

McGill, ha publicado un estudio titulado *¿Quién le teme a BlackRock?* En colaboración con otros dos investigadores, abogan por la regulación de todas las instituciones financieras. La película muestra que si todo el mundo entrara en pánico y vendiera sus ETF simultáneamente, el sistema financiero sufriría y se volvería inestable, o incluso más. El comprador salvaría el sistema. Si vende el índice CAC 40, es probable que encuentre un precio que refleje su nuevo valor, incluso si cae. Todos los mercados fluctúan según la ley de la oferta y la demanda. Esto es válido para los ETF como para cualquier producto comercial.

¿Puede implosionar el sistema de ETF? El sistema ha establecido "disyuntores", que son umbrales descendentes (y ascendentes) en los que se detienen las transacciones para permitir que los operadores evalúen el mercado y vuelvan a funcionar con normalidad. Un título puede derrumbarse en caso de quiebra, pero un índice que refleje un panel de valores líderes, representativo de la economía francesa, por ejemplo, tiene menos probabilidades de implosionar o colapsar. A menos que, en el caso del CAC 40, Francia desaparezca del mapa, pero esa es otra historia.

No todos los ETF tienen la estabilidad del CAC 40. ¿Quién comprará ETF si empiezan a desplomarse? Buena pregunta.

Un ex empleado de BlackRock, que habló anónimamente en San Francisco, expresó su temor a ser procesado por la multinacional. Es como estar inmerso en un documental sobre la Cienciología, con Larry Fink parecido a Ron Hubbard. El empleado explicó que en BlackRock había una enorme presión para vender ETF a los clientes. BlackRock y Vanguard, su principal accionista, dominan dos tercios del mercado de estas carteras de acciones de nuevo estilo. Las acciones de estas empresas están subiendo.

Millones de estadounidenses, influenciados por la publicidad, invierten sus ahorros de jubilación en ETF, esperando que BlackRock asegure sus futuras pensiones.

Hay que ver este documental varias veces, ya que puede resultar confuso en algunos puntos, para entender sus implicaciones y los mensajes subyacentes. En un tribunal de California se está llevando a cabo un extraño juicio: BlackRock contra sus empleados. La empresa está acusada de transferir el dinero de las pensiones de los empleados a fondos oscuros y cobrar comisiones por cada transacción, descuidando los intereses de capital de sus empleados para aumentar los beneficios. El ex empleado comenta: "Es probable que BlackRock alargue el proceso durante años y yo no recibiré ni un céntimo. BlackRock ha incumplido sus obligaciones".

El 3 de septiembre de 2019, el juez federal de distrito Haywood S. Gilliam Jr. desestimó, en gran parte, las solicitudes de BlackRock contra la demanda colectiva de sus empleados, por lo que el caso continúa.

Larry, ¿algún comentario?

BlackRock es un actor importante. Incluso el cauto Christopher R. Whalen reconoce: "BlackRock es tan importante que influye en el mercado". Del mismo modo, Steven Davidoff Solomon, profesor de Derecho en Berkeley, señala: "BlackRock es el eje de los mercados financieros. Tienen una enorme responsabilidad".

El director parece temer las demandas y se esfuerza por extraer una moraleja clara. Sin embargo, hacia el final de la película, un testigo ofrece la clave: BlackRock consolida el sistema y "hace que los ricos sean aún más ricos". ¡Qué sorpresa!

Capítulo 14

BlackRock, sin la maestría y omnipotencia de Aladdin, no es nada.

El libro de Heike Buchter arroja luz sobre cómo BlackRock pasó de ser una empresa próspera a convertirse en la principal fuerza del submundo de los negocios: la crisis de las hipotecas de alto riesgo de 2008. El episodio que cuenta Katrina Brooker, periodista de *Fortune*, es revelador. El 15 de septiembre, Larry Fink abandonó Wall Street para emprender un viaje al extranjero. Tras un vuelo de diez horas, se enteró de lo impensable: Lehman Brothers había quebrado, había desaparecido de la existencia. Merrill Lynch había sido vendida al Bank of America y AIG, la aseguradora que en su día había dominado el mercado, se tambaleaba. "Me sentí como Charlton Heston en El planeta de los simios", le dice Larry Fink a la periodista con un humor poco habitual.

En la película futurista inspirada en la novela francesa de Pierre Boulle, un astronauta interpretado por Charlton Heston cree haber aterrizado en un planeta lejano poblado por simios combatientes. Al final de su viaje, descubre las ruinas de la Estatua de la Libertad y se da cuenta de que la humanidad ha destruido la Tierra y su civilización ha desaparecido.

"Para Fink y su equipo, fue el comienzo de una transformación. De gestores de activos con preferencia por los bonos y analistas inteligentes, se convirtieron en uno de los principales actores detrás de escena de las altas finanzas y la alta política", escribe Heike Buchter. En octubre de 2008, tras el desastre de las hipotecas de alto riesgo, perdidos e inciertos, el Departamento del Tesoro estadounidense y la Reserva Federal llamaron a Larry Fink y a BlackRock para que ayudaran a ordenar las cuentas de AIG, distinguiendo entre valores sanos y tóxicos. Gracias a su red de contactos políticos (que conectaba Wall Street y Washington, DC) y a su reputación de superordenador de gestión de riesgos, Larry Fink resultó indispensable. Aceptó todas las misiones que se le encomendaron, en particular desentrañar el colapso de 2008, rastrear los créditos corruptos y evitar que la crisis se profundizara. Esta misión se le adjudicó sin licitación formal. "No teníamos tiempo; teníamos prisa", justificaría la Casa Blanca. Las habilidades de cálculo y el oportunismo de Larry ayudaron a Obama a salvar a Citigroup, el principal banco estadounidense, al determinar la cantidad a invertir.

El 23 de noviembre de 2008, tras una caída del 70% en el precio de las acciones de Citigroup, el gobierno federal estadounidense garantizó más de 300.000 millones de dólares de sus activos a cambio de una participación de 27.000 millones de dólares en la empresa. Obama pagó sin rechistar imprimiendo dinero.

"La historia de BlackRock es la historia de un cambio de poder en Wall Street", afirma Heike Buchter.

Bajo la dirección de Larry, la multinacional conquistó el mundo a través del asesoramiento y la inversión. Entre estas dos actividades, Larry Fink, cuyo cerebro es casi sobrehumano, prometió haber establecido una "muralla china", un término que los BlackRockers respetan. Según Larry, existe una separación estanca entre las actividades de asesoramiento y las de inversión de BlackRock. En otras palabras, aquellos a quienes la empresa asesora en materia de inversiones no se benefician de la información de quienes gestionan las cuentas, aunque, a menudo, sean las mismas personas las que estén involucradas.

Debemos confiar en su palabra, ya que nunca se ha realizado una investigación seria e independiente sobre BlackRock, una empresa en expansión que se ha vuelto tan influyente que rara vez se la cuestiona.

Y entonces surge una pregunta simple y consecuente: ¿hacia dónde se dirigirá BlackRock a continuación?

Capítulo 15

En una entrevista a principios de los años 90, Larry Fink reconoció que, a veces, las herramientas informáticas, al crear valor, "pueden descontrolarse y volverse incontrolables". Debería retomar esta observación hoy en día, porque, incluso para la cautelosa Heike Buchter, estas herramientas informáticas son el principal problema y el peligro creciente que se cierne sobre nuestras cabezas.

Para ganar el juego y dominar los mercados a largo plazo, mucho antes de la llegada del big data, Larry Fink creó a Aladino, su gigante informático que algún día podría reemplazar a los humanos y potencialmente volverse contra ellos. No me estoy haciendo ilusiones; es el propio Larry quien teme y predice esto.

Pero para que Aladdin y Larry pudieran dominar los mercados financieros, era necesario contar con conocimientos informáticos, una infraestructura capaz de calcular índices, protegerlos y hacerlos fiables para los clientes. Es aquí donde la visión de Aladdin y Larry encuentra su sentido y su valor.

Aladdin es una inteligencia artificial. Son las siglas de Asset, Liability, Debt, and Derivative Investment Network. Aladdin nació de la profunda paranoia de Larry Fink sobre el riesgo. Instaló sus gigantescos ordenadores, que procesan datos constantemente, en Wenatchee, a orillas del río Columbia, a cuatro mil kilómetros de Nueva York, en un territorio indio del norte de Estados Unidos donde, debido a numerosas presas, la electricidad es la más barata del país. Durante siglos, la tribu Wanapum vivió a lo largo de las orillas en chozas de caña, subsistiendo de la pesca del salmón. Los colonos europeos se apoderaron gradualmente de la tierra y los ingenieros construyeron presas que bloqueaban la migración anual del salmón. Hoy, los últimos descendientes de los Wanapum viven en modestas casas construidas por la compañía eléctrica. Los proveedores de electricidad han estado operando las cuatrocientas presas en el Columbia y sus afluentes desde la década de 1950. Lo que privó a los nativos americanos de su modo de vida ha sentado las bases para una nueva industria en la cuenca del Columbia: los centros de datos.

El libro de Heike Buchter nos enseña que, a través del ascenso de BlackRock, se desarrolla una historia más amplia de Estados Unidos. La autora repasa cómo las grandes corporaciones estadounidenses, después de la Segunda Guerra Mundial, se convencieron de que podían dominar los mercados nacionales e internacionales, sólo para caer víctimas del "ogro" chino que las devoró en parte. La globalización llevó a la decadencia de gigantes como General Motors, y las empresas cada vez más trataron de evadir sus responsabilidades sociales. Ronald Reagan, durante su presidencia, causó un daño significativo al privatizar los ahorros para la jubilación estadounidenses. Fue seguido por Maggie Thatcher en el Reino Unido. François Mitterrand, aunque inicialmente se resistía a la privatización, terminó cediendo ante Jacques Delors y el lobby bancario en lugar de Pierre Mauroy y los comunistas. El resto es historia.

En Estados Unidos, la administración republicana promovió los planes de ahorro individual para la jubilación mediante la capitalización, trasladando la responsabilidad de las dificultades económicas de los empleadores a los empleados. Esta política, centrada en reducir la intervención estatal, la deuda pública y los impuestos, al tiempo que aumentaba la libertad empresarial, ha llevado a una situación en la que los bolsillos están cada vez más vacíos y los niños pasan hambre. Este sistema especulativo, propugnado por Larry y sus secuaces, se encamina hacia un punto crítico.

Gracias a la influencia de Ronald Reagan, incluidos los Rockefeller y otros, los nuevos planes de ahorro para los empleados estadounidenses se abrieron al mercado de valores. Los capitalistas activos –los dueños del capital, los jefes, los grandes accionistas y sus partidarios– afirman que más gobierno significa más deuda pública, con lo que se transfieren los costos a las generaciones futuras. Pero esto es engañoso: les preocupan poco las generaciones futuras.

En un principio, el sistema puede parecer exitoso, como un esquema Ponzi que atrae cada vez más dinero, pero al final fracasa y se vuelve catastrófico. Esta es la realidad actual, treinta años después de las políticas de Reagan. Los ahorros de los trabajadores estadounidenses se han trasladado a fondos de inversión para la jubilación, gestionados por empresas financieras y bancos de inversión destacados como Fidelity, Pimco, Vanguard, Blackstone y BlackRock. Este auge de los gestores de fondos es fundamental.

Volviendo al río Columbia, la industria digital busca minimizar su mayor gasto: la energía. BlackRock, junto con bancos, empresas financieras con sus elegantes edificios a orillas del Hudson y gigantes tecnológicos como Yahoo, Microsoft y Dell, han establecido sus servidores cerca de Wenatchee.

Curiosa ironía: los nativos americanos siguen padeciendo privaciones. Las computadoras de los barones digitales y financieros, aunque imponentes, son más pequeñas y consumen menos energía que las de Larry. Las líneas de código del programa de Aladino no tienen parangón, salvo quizás con las de Facebook y sus miles de millones de usuarios.

Aladdin crece continuamente, alimentado por nuevos datos. Al igual que en el caso de Google y otras empresas tecnológicas, estos datos son proporcionados voluntariamente por los usuarios, principalmente los grandes inversores. Aladdin sabe hacia dónde fluye el capital a nivel mundial y de dónde proviene. Incluso los datos de los consumidores comunes pueden llegar a Aladdin. Cientos de personas han trabajado en los programas de Aladdin durante más de dos décadas. Aladdin ahora consta de un ejército de miles de analistas y alrededor de seis mil computadoras, que realizan cientos de millones de cálculos por semana, una capacidad que sería la envidia de la NASA.

En 2019, los valores administrados por Aladdin se estimaron en 18 billones de dólares. En 2020, esta cifra había superado los 21,5 billones de dólares. El sistema no tiene límites aparentes.

El peligro reside en la dependencia del mundo financiero de Aladdin. BlackRock debería considerar la posibilidad de separar su inteligencia artificial, ya que Aladdin debería estar claramente separado de BlackRock para mitigar el riesgo sistémico.

Capítulo 16

Cuando BlackRock ganó el concurso de consultoría medioambiental de la Comisión Europea, probablemente debió su éxito (aunque nadie lo haya señalado) a Aladdin. La Comisión compró la velocidad y los diagnósticos de inteligencia artificial de Larry.

BlackRock asesora a la Reserva Federal, el BCE, Airbus, Exxon, JPMorgan y Apple. Heike Buchter informa:

"Los bancos centrales son clientes muy interesantes, tienen información valiosa, especialmente para los actores del mercado, porque nadie puede controlar los mercados como ellos. Sí, por supuesto, existen las famosas 'murallas chinas', precauciones organizativas destinadas a evitar que los empleados sepan lo que no deberían saber, pero cuando se mencionan las 'murallas chinas' en Wall Street, normalmente se obtiene una sonrisa y un encogimiento de hombros a cambio".

En el caso de las empresas francesas, BlackRock posee el 6,3% de Total, el 6,5% de Sanofi, el 6,4% de Publicis, el 5,9% de Danone, el 6% de Schneider, el 5% de BNP Paribas, el 2,74% de Peugeot, el 1,9% de LVMH y el 4,97% de Pernod Ricard. BlackRock tiene voz y voto en las juntas generales de diecisiete mil empresas de todo el mundo.

Hasta hace poco, BlackRock, consciente de su condición de accionista pasivo, se abstenía de intervenir en juegos de poder, una regla tácita pero inmutable. Sin embargo, esta situación cambió en 2020. Entre enero y junio, BlackRock adoptó posiciones opuestas a los poderes dominantes en aproximadamente la mitad de las juntas generales en las que podía votar.

Cada año, en Davos, donde es una figura clave, Larry Fink escribe a los accionistas de las empresas en las que invierte BlackRock, utilizando un lenguaje críptico y rara vez haciendo una declaración atrevida. "Toda empresa debe contribuir positivamente a la sociedad", declaró este año.

Al invertir ampliamente, BlackRock termina teniendo participaciones tanto en propiedades competitivas como superpuestas. Por ejemplo, BlackRock posee el 1% de Adidas y el 3% de Puma, y es accionista de muchas aerolíneas competidoras.

Este es un problema habitual en los fondos que invierten en sectores específicos. No es inusual que los fondos elijan acciones de un área determinada. Para algunos, la presencia de BlackRock, incluso como un pequeño accionista minoritario, se convierte en una marca de reconocimiento: parte del "club BlackRock". Por el contrario, cuando Larry Fink o Warren Buffett deciden vender, incluso por simple recogida de beneficios, todos los demás accionistas se ponen nerviosos. Larry Fink, de 68 años, es relativamente joven en comparación con Warren Buffett, que tiene 90. Como en política, no hay límite de edad ni test de inteligencia para montar un gigante financiero global. Warren Buffett por sí solo puede hacer una apuesta de 91.000 millones de dólares por Apple sin adherirse a las normas de diversificación. "La diversificación es una protección contra la ignorancia", sostiene. "No tiene mucho sentido si sabes lo que estás haciendo".

La propiedad común es la regla, no la excepción. Cuatro fondos (Vanguard, State Street, Fidelity y BlackRock) son los accionistas mayoritarios de las quinientas empresas más grandes de Estados Unidos.

Esta cesión de autoridad a los bancos de Wall Street es lamentable. Los soberanistas pueden criticarla, pero no pueden resistirla a menos que cuestionen la noción de propiedad. Pero esa es otra larga historia.

«La propiedad es un robo», decía Pierre-Joseph Proudhon, y añadía: «La propiedad y la sociedad son cosas que se repelen entre sí de una manera invencible: es tan imposible asociar a dos propietarios como unir dos imanes por sus polos iguales. O bien la sociedad perece o bien mata la propiedad».

BlackRock también invierte fuertemente en el sector de las aerolíneas, donde los acuerdos de no competencia han provocado un aumento del 11% en los precios de los billetes, como muestra el documental de Tom Oakes. Martin Schmalz, un investigador alemán de Oxford, ha cuestionado esta gestión, que perjudica a los consumidores en beneficio de los accionistas. Fue escuchado en 2018 por la Comisión Federal de Comercio de Nueva York. BlackRock se ha negado a responder a sus acusaciones. Ese día, Barbara Novick, vicepresidenta de BlackRock, se vio obligada a defender la empresa: "Abandonar la propiedad común limitando la inversión a una empresa por sector haría imposible poseer carteras diversificadas. Sin embargo, este compromiso es crucial en la cadena de responsabilidad. Beneficia tanto a los accionistas como a la sociedad en su conjunto", afirmó ante las cámaras de Arte. Beneficia principalmente a BlackRock... Nadie tuvo el coraje de decirle que su defensa era insuficiente.

BlackRock parece intocable. Larry Fink ha creado un duopolio con su competidor Vanguard. Juntos gestionan el 66% de los ingresos procedentes de los fondos de pensiones en Estados Unidos y el 50% en Europa (donde todavía son una pequeña minoría).

Buscan más. De ahí las conexiones que forjaron en Francia con Emmanuel Macron. En el documental de Arte, un ex empleado de la filial de BlackRock en San Francisco, que teme testificar abiertamente, describió cómo lo presionaban para convencer a los clientes de que compraran ETF. El objetivo era hacer que BlackRock y sus accionistas fueran "cada vez más ricos". Con estas compras de acciones indiferenciadas, también aumentó el valor de las empresas en las que BlackRock invirtió. ¿Enriqueció a sus clientes? No siempre. Su papel era hacerles creer en la calidad y fiabilidad del producto bursátil. A menudo, los clientes de BlackRock no saben lo que están comprando en realidad.

Heike Buchter lo traduce muy bien en su libro: "El único objetivo del capital privado es aumentar los beneficios de los propietarios. La creación o eliminación de puestos de trabajo es sólo un efecto secundario". Buchter ilustra el surrealismo financiero: "En el capitalismo financiero 2.0, el vínculo entre los propietarios y las empresas se ha convertido en una cadena cada vez más larga. Los eslabones intermedios son administradores profesionales que actúan en nombre de inversores reales. Este fenómeno se conoce como la "separación entre la propiedad y el control"... Parece una referencia a Magritte, que escribió "Esto no es una pipa" bajo la imagen de una pipa".

Proudhon lo predijo y denunció en parte hace casi dos siglos: "En sí misma, la propiedad es un poder del egoísmo, que impulsa al hombre, si no encuentra ningún impedimento, a apropiarse de todo lo que le rodea, incluidos los hombres y las cosas, y a afirmar su dominio sobre el universo".

BlackRock se enfrenta a muy pocos obstáculos en su estrategia de dominación financiera y se enfrentará a menos aún cuando Aladdin se convierta en el motor de búsqueda de finanzas y la plataforma BlackRock. Larry ya no oculta su postura. Ha puesto en guardia a su mundo, en particular a los franceses, a través de un artículo premonitorio de Sophie Fay en L'Obs: "Antes de irse, Larry el tecnófilo da un pequeño consejo a los europeos: no teman a la tecnología, inspírense en Silicon Valley, una alianza de universidades, empresarios y finanzas. Se ha asociado con Google para utilizar más inteligencia artificial en el análisis de la información. Su empresa de gestión financiera se está convirtiendo poco a poco en una empresa de software. Dentro de cinco años, prevé que la venta de la plataforma Aladdin, una solución que permite a los clientes tener una visión clara de sus riesgos en tiempo real e incluso automatizar su gestión, represente el 30% de su facturación. Además, en Wall Street, los ordenadores están sustituyendo rápidamente a los financieros con tirantes". Cinco años. Para la primavera de 2022. El tiempo se acaba...

Una caída importante en Wall Street y en BlackRock podría ser inminente...

"¿No es peligrosa esta automatización de las finanzas a largo plazo?", pregunta un periodista. Larry responde, todo sonrisas: "La tecnología mejora los conocimientos y las habilidades financieras... La tecnología no reemplaza a los humanos; eso es un mito. Pero quienes se nieguen a adaptarse serán barridos por quienes se apoderen de ella".

En dos años, según estas previsiones, Aladino será el mejor amigo de los corredores de bolsa, los ahorradores y los jubilados. Y Larry, si nadie interviene, será el rey de los inversores. Probablemente triplicará su salario y superará a toda la camarilla de banqueros de Wall Street. Tal vez incluso entre en la clasificación Forbes de los cien hombres más ricos del planeta.

"Quieres asegurar tu futuro, bienvenido a BlackRock, que te presenta a Aladino, el genio de la capitalización bursátil. Introduce el importe de tus inversiones en el recuadro azul y confía en nosotros". Vamos allá.

Capítulo 17

Los Estados de todos los continentes parecen haber capitulado ante la omnipotencia de BlackRock. Al poner a prueba la resistencia de los bancos estadounidenses o europeos, a instancias públicas o de los bancos centrales, Aladino tiene acceso casi ilimitado a información sensible.

En varias ocasiones sus dirigentes han sido sospechosos de tráfico de información privilegiada, como en Grecia o Irlanda, en el momento de las compras de empresas que BlackRock había auditado. O en México, donde el presidente López Obrador, tras una entrevista con Larry Fink, renunció a la nacionalización de Pemex, la petrolera, y al abandono de un oleoducto entre México y Texas donde BlackRock tenía intereses y clientes.

Larry sabe cómo rodearse de gente allá donde invierte. Contrató al hijo del multimillonario mexicano Carlos Slim y le arrebató a un miembro del consejo de administración de Pemex a la gestora de fondos de pensiones mexicana para BlackRock.

Larry se ha rendido sólo en Berlín. Tras comprar la inmobiliaria Deutsche Wohnen a un precio bastante elevado, quería aumentar los alquileres, pero tuvo que dar marcha atrás. En el verano de 2019, ante la ira y la movilización de los berlineses, las protestas callejeras, la unión de la llamada izquierda "radical" y los ecologistas, e incluso los concejales de la ciudad fieles a BlackRock, los alquileres se congelaron durante cinco años. Las acciones de la inmobiliaria cayeron un 20%. Larry no estaba contento con ello, pero rápidamente absorbió esta pérdida en su monstruosa contabilidad.

BlackRock se ha convertido en el mayor inversor del planeta, con diferencia. Pero la empresa está menos controlada que un banco, porque no se la considera sistémicamente importante. Podemos ver en esta extrañeza un nuevo y grave peligro.

Para BlackRock, el objetivo permanente, su razón de ser, es seguir ganando mercados y subvenciones, atrayendo cada vez más dinero de los inversores a sus fondos. La proximidad de los ejecutivos de BlackRock a los políticos abre infinitas posibilidades. Larry es muy hábil para seducirlos. Es el mejor embajador de BlackRock. Inspirándose en los métodos utilizados por banqueros cercanos, como Jamie Dimon, director general de JPMorgan Chase, el banquero mejor pagado de Wall Street, ha construido una red y estrategias eficaces. Por ejemplo, explica que es demócrata, pero sigue formando parte de las comisiones de empresarios creadas por Trump y los republicanos. Se considera demócrata, pero nunca se ha opuesto a la destrucción de la ley Dodd-Frank, la ley fundadora de la presidencia de Trump. Christopher Dodd y Barney Frank, ambos demócratas, llevaron y consiguieron que se aprobara en el Senado estadounidense en 2010 esta importante reforma que pretendía vigilar y controlar a los actores financieros de Wall Street. La reforma había sido deseada e impulsada por Barack Obama tras la crisis de las hipotecas basura, pero los lobbies bancarios habían luchado duramente para retirar sus medidas más coercitivas. En vano. Tras amargas disputas, los ogros de Wall Street acabaron cediendo. La idea principal de la reforma era evitar una quiebra como la de Lehman Brothers y la creación de bancos gigantescos e incontrolables o gestores de fondos, como BlackRock. Para ello, los reguladores podían imponer redistribuciones de distritos e impuestos. La reforma también exigía a estos actores financieros disponer de fondos propios importantes y movilizados, para frenar la especulación o la titulización de créditos, en particular hipotecarios. Los actores financieros debían también poder rastrear todas sus inversiones y, sobre todo, estar sujetos al control de una oficina de protección financiera del consumidor. Entre estos consumidores, los jubilados, cuyas pensiones eran codiciadas, eran especialmente mimados. Un artículo de la ley estaba dedicado a ellos, limitando las comisiones de las sociedades de gestión en caso de asesoramiento en materia de inversiones. También impedía a los asesores financieros orientar a sus clientes mayores hacia inversiones que pudieran "reducir los ahorros para la jubilación". Estos artículos fueron bloqueados y luego derogados.

Si la Ley Dodd-Frank hubiera continuado bajo Trump, es poco probable que BlackRock hubiera podido crecer hasta las proporciones que conocemos hoy.

La razón por la que Donald Trump, a pesar de sus excesos y su populismo, fue apoyado por muchos de los financieros más importantes y serios de Wall Street, se debe a su promesa de destripar la reforma bancaria de Obama. Lo que hizo tres meses después de su elección, gracias a Steve Mnuchin, ex jefe de Goldman Sachs, que se convirtió en su secretario del Tesoro. La Ley Dodd-Frank fue considerada en 2010 por la prensa como la reforma más amplia del sistema financiero estadounidense desde la Gran Depresión de 1929. Esto no conmovió mucho a Donald Trump, quien, tres meses después de asumir el cargo, declaró: "He pedido a mi administración que reduzca drásticamente la Dodd-Frank porque, francamente, tengo tanta gente, amigos míos que tienen grandes negocios y no pueden pedir dinero prestado. "Simplemente no pueden obtener dinero porque los bancos no les permiten pedir prestado debido a las normas y regulaciones de Dodd-Frank".

Larry nunca critica abiertamente a Trump. Probablemente sabe lo que le debe. En una entrevista con Les Échos, señala que es demócrata, pero añade que Trump será reelegido porque "la historia suele demostrar que cuando la economía se mantiene fuerte, tendemos a reelegir al presidente en ejercicio".

Eso fue antes de la crisis del Covid.

Capítulo 18

Al igual que GAFAM (Google, Apple, Facebook, Amazon y Microsoft), Larry ha construido la mayor y más lucrativa empresa transnacional desmaterializada en treinta años. Su genialidad consiste, entre otras cosas, en hacer creer a cada país en el que BlackRock despliega sus tentáculos que también es la tierra elegida por BlackRock. La firma no tiene realmente nacionalidad. Es belga en Bélgica, francesa en Francia, italiana en Italia, inglesa en Londres. Cada vez que entra en un mercado, instala un centro de negocios en la capital y desarrolla una comunicación adecuada y local. A Larry le gustan las panaderías de París, las patatas fritas de Bruselas y las pizzas de Roma.

Comprendió que para acceder a ese botín, al dinero de las pensiones y de los ahorradores, tendría que confundirnos. Surge entonces una cuestión fundamental, que no se puede ignorar: en nuestro mundo actual, tan frágil e incierto, ¿qué dirigente político podría confiar decentemente los ahorros o las jubilaciones de los franceses a manos estadounidenses? ¿Y por qué no a los rusos o a los chinos en ese caso? El círculo se cerraría definitivamente.

Al reflexionar, nos invade el temor al comprobar que el proceso ha comenzado, porque nadie controla realmente a Larry Fink. Y nadie controla realmente a BlackRock, excepto Larry y Aladdin. Esto es lo más angustioso de esta historia que se está escribiendo ante nuestros ojos.

Aladdin es una inteligencia artificial de las más extraordinarias. Un megarobot superinteligente y conectado con el mundo, que lleva treinta años acumulando todo lo que encuentra en el planeta.

No olvidemos la obsesión de Larry. Su miedo a correr el más mínimo riesgo. Su primer fracaso en el First Boston, donde no supo predecir la caída de los tipos de interés de la Reserva Federal, lo que le hizo perder 100 millones de dólares, le obsesiona. Desde 1990, ha invertido cientos de millones de dólares en equipos y salarios para pagar a un buen millar de analistas que operan seis mil ordenadores las 24 horas del día, los 7 días de la semana, y procesan cientos de millones de datos al día. Para ahorrar dinero, como hemos visto, ha aparcado sus ordenadores en medio de campos de manzanas, en enormes hangares con aire acondicionado a orillas del río Columbia, donde la electricidad es la más barata de Estados Unidos. Todo se remonta a Wenatchee... La más mínima declaración política de Nadine Morano, el consejo del más pequeño analista de BFM Business, la noticia de diez líneas del Berry Républicain, la victoria en N2 de un equipo de baloncesto patrocinado por Amazon, la compra de un apartamento junto al mar en Oléron, de un coche nuevo en la sucursal de Audi en la zona comercial de Augny (Mosela), de un conejillo de indias o de un pastor australiano en una tienda de animales del mismo lugar, el número de bomberos que intervienen durante una inundación en Alsacia, la presencia de un nido de avispas asiáticas en Charente, una muerte por cáncer de garganta en Bastia, una incautación de drogas en Marruecos, la calidad de las armas utilizadas por los terroristas en Mali, el anuncio de una terrible sequía que ataca a los robles de los bosques de los Vosgos: todo queda registrado, codificado, triturado, clasificado, traducido por Aladino, que calcula, proyecta y recalcula estos datos para luego presentar tendencias y consejos. En materia financiera.

¿Debo invertir en Audi? ¿En la venta de armas? ¿En las nuevas bolsas de quimioterapia de Sanofi? ¿Son rentables los inmuebles en la costa? ¿Sigue siendo Amazon un buen negocio? ¿Puede volver la extrema derecha a Francia? ¿Comprará Auchan las tiendas de mascotas de Truffaut? ¿Debemos invertir en la fabricación de aviones Canadair? ¿En productos financieros que privatizan el agua de lagos y ríos?

Aladdin es, como hemos visto, el acrónimo de Asset, Liability, Debt, and Derivative Investment Network. El acrónimo inventado por Larry abarca un amplio espectro. Aladdin sería, por tanto, una red de información para inversiones en activos, pasivos, deudas y productos derivados.

Podemos ver la idea y la ambición de Larry, quien inventa la lámpara mágica y fabulosa capaz de cumplir los deseos de los especuladores bursátiles y otros ahorradores: "Gran Aladino, dime si voy a ser rico, muy rico o sólo un poquito rico".

Aladdin fue creado a principios de los años 90 por BlackRock Solutions. El objetivo era desarrollar una herramienta de análisis y toma de decisiones para evaluar las carteras de bonos disponibles en el mercado. Este programa de análisis de riesgos debía garantizar el desarrollo de la empresa. Hoy en día, es el centro neurálgico del imperio BlackRock , que se ha convertido en la mayor empresa de gestión de activos del mundo. Esta solución, basada en el análisis y el procesamiento de metadatos recopilados, enriquecidos y actualizados constantemente, ofrece ahora a los usuarios internos y externos una evaluación profunda y transversal de todas las clases de activos, públicos o privados. Aladdin es también el algoritmo de previsión económica imprescindible en el mundo financiero. Durante la crisis financiera de 2008, muchos gobiernos al borde del colapso recurrieron al grupo de Larry Fink y a su IA. Estos mercados y contratos han permitido a Larry reforzar su control sobre la economía mundial y presentar su empresa como una entidad providencial.

Entre inversores activos y pasivos nos perdemos un poco. BlackRock siempre ha sido un accionista activo. Los BlackRock son inversores pasivos, pero accionistas activos. Son inversores pasivos a través de sus ETF y fondos pasivos porque, por ejemplo, si el jefe de Total decidiera retirarse del petróleo para convertirse en 100% renovable, no podrían desinvertir ni revender sus acciones. No podrían salir y buscar otro competidor más pequeño que les guste más. Están bloqueados.

Por otra parte, son accionistas activos porque, si no pueden revender sus acciones, pueden votar en contra de los proyectos que no les gustan en las juntas generales. Son accionistas tanto más activos cuanto que son inversores pasivos: es su única palanca. Son activos de una manera muy particular. De hecho, son cuarenta y seis (y acaban de contratar a diez personas más) para gestionar las relaciones con unas quince mil empresas. No son suficientes para intervenir a diario.

Hasta ahora, se han contentado con votar a favor o en contra de los nombramientos (o renovaciones) de directivos en función de sus intereses. Son bastante binarios: o los directivos están con ellos o ellos están en contra. Se trata de un lobby extremadamente poderoso porque un directivo de Total que es despedido por BlackRock está seguro de que nunca volverá a encontrar trabajo en otro grupo petrolero mundial. Un representante de BlackRock estará pronto en el consejo de administración de todos los grandes grupos y podrá bloquear los nombramientos. Para la mayoría de estas personas, llegar al consejo de administración de un grupo es un objetivo de vida. Se adaptan de forma natural y a priori a la cultura de su empresa y a la estrategia de gestión del director general.

El año 2020 ha sido el fin de la relativa pasividad de BlackRock, que rara vez se oponía a la opinión general y a la voluntad de un presidente del consejo de administración. Ahora están en proceso de evolucionar su práctica actuando cada vez más sobre el fondo y la estrategia de los grupos. Con la adquisición por 1.300 millones de dólares, en marzo de 2019, de e-Front, una empresa francesa especializada desde 1999 en gestión de carteras y soluciones de análisis de rendimiento y riesgo, Larry sumó nuevos puntos y consolidó su ventaja sobre sus competidores. e-Front tenía setecientos clientes en cuarenta y ocho países: "Estamos posicionados en un mercado extremadamente complicado", explica Tarek Chouman, el director general de e-Front. "Operamos en el mercado de las empresas privadas, cuyos datos no están disponibles públicamente, lo que dificulta su recopilación... e-Front ha desarrollado su propia capacidad para recopilar datos de empresas no cotizadas. Al principio, los empleados introducían estos datos manualmente en las aplicaciones, lo que no era realmente sostenible. "Gracias a nuestro creciente liderazgo, pudimos automatizar este proceso de una manera completamente única en el mercado".

Esta joya de la ingeniería francesa es una bendición para BlackRock, que no duda en pagar mil millones de dólares más que su competidor inglés Bridgepoint. Cuatro años antes, en marzo de 2015, Bridgepoint había dado a su fundador francés (que estaba encantado de firmar por ese precio) 300 millones de dólares.

"La combinación de e-Front y Aladdin, la plataforma de inversión de BlackRock utilizada por más de doscientas veinticinco instituciones en todo el mundo, establecerá un nuevo estándar en tecnología de inversión y gestión de riesgos", justificó BlackRock en un comunicado de prensa.

En este sector, como podemos ver, la información sobre las tesorerías, las estrategias y las dificultades de las empresas tiene un valor inestimable. Al comprar e-Front a un precio tan alto a un competidor europeo, Larry está consolidando aún más su hegemonía sobre las finanzas. Pronto no habrá cabezas que sobresalgan de la tierra. El máximo sueño de Larry.

Capítulo 19

Larry puede prometer que nuestros temores de ver a Aladino cometer errores, salirse de control o tomar el control de los humanos son ridículos, una tontería y cosas por el estilo, pero podemos dudar razonablemente de sus garantías. La literatura está llena de advertencias, cada una más aterradora que la anterior, sobre los peligros del exceso de confianza en la inteligencia artificial.

Elon Musk, el multimillonario detrás de Tesla y SpaceX, ha invertido en un programa de investigación de inteligencia artificial que compite con BlackRock: DeepMind de Google. Habló con el New York Times a finales de julio de 2020 para expresar lo aterrorizado que estaba por el progreso de la investigación de Google. "Este es un proyecto que necesita ser monitoreado de cerca porque podría representar una amenaza grave para la humanidad en un futuro muy cercano", explica Musk, para quien DeepMind supera la inteligencia humana. "La naturaleza de la inteligencia artificial que están construyendo aplasta a todos los humanos en todos los ámbitos". En esta entrevista, Elon Musk establece un paralelismo entre DeepMind y *Wargames*, la película de John Badham estrenada en 1983, con Matthew Broderick en el papel principal. La trama se basa en un ordenador "que se dice más confiable que los humanos" que es pirateado por un jugador adolescente. El interés de la película y su trama radica en el hecho de que la IA de Wargames no diferencia entre el juego y la realidad. Así, lanzará una guerra nuclear contra Rusia. Todas las luces están en rojo porque el robot inteligente activa misiles. Todo podría haber acabado mal si un profesor humano más listo que los demás no lo hubiera vuelto loco al ponerlo ante un dilema: una nueva partida de tres en raya, ese juego de alinear cruces, pero sin otro oponente que él mismo. La IA juega partidas interminables y acaba ganando, y perdiendo, y perdiéndose. La escalada destructiva se detiene justo a tiempo. El ordenador se da cuenta, es cine, de que una guerra nuclear, como un juego de tres en raya contra uno mismo, nunca tiene un ganador porque la destrucción es total. Habla una última vez y dice con su voz metálica: "Extraño juego. La única jugada ganadora es no jugar". Con todo digitalizado o casi, Musk piensa que ese escenario es posible hoy, pero que la guerra podría llegar a su fin. "La inteligencia humana será superada por la IA en los próximos cinco años". Esto no significa que todo vaya a ser malo en cinco años, simplemente que "las cosas se volverán inestables o raras", precisa. Si ha decidido invertir en el programa DeepMind es para seguir de cerca su evolución: "La gente subestima las capacidades de la IA. Piensan que es un ser humano inteligente, pero irá mucho más allá. La gente muy inteligente se equivoca si cree que está ganando el juego... Hay que tener miedo de lo que creamos..."

Muchos científicos critican a Elon Musk por sus posiciones, consideradas alarmistas. Pero cuatro investigadores londinenses acaban de dar crédito a la inquietud del multimillonario. Deberían preocupar incluso a Larry Fink. De hecho, han enumerado dieciocho categorías de delitos potenciales que podrían ser cometidos por una IA. Desde el coche asesino autónomo hasta el robot guerrero, presentaron estos casos a una treintena de expertos, a los que se les pidió que midieran la peligrosidad y la inminencia de estos crímenes. El estudio es objeto de un artículo científico.

"El ejercicio dio como resultado un taller de dos días sobre 'La IA y el crimen del futuro' con representantes del mundo académico, la policía, la defensa, el gobierno y el sector privado. El objetivo del taller era identificar y clasificar las posibles amenazas criminales y terroristas derivadas de la creciente adopción y el poder de la inteligencia artificial", resume el protocolo.

De estas opiniones de expertos, el temor más inminente y preocupante con diferencia es el desarrollo de los deepfakes, esas manipulaciones de imágenes de vídeo realizadas por IA que superponen archivos de audio y vídeo a otros vídeos, haciendo que las estafas sean indetectables. El ejemplo más famoso es aquel en el que Obama parece llamar a Trump "oscuro pedazo de mierda". El vídeo, realizado por una IA, fue visto tres millones de veces en abril de 2018 antes de que Obama emitiera un desmentido. Todavía está circulando, navegando en este espacio turbio donde la verdad y la ficción se superponen, y donde ya no está claro, a menos que haya un trabajo de investigación, cómo desentrañar lo verdadero de lo falso.

"Ya es posible realizar imitaciones convincentes de objetivos siguiendo un guión y podrían llegar a hacerse imitaciones interactivas", señalan los investigadores ingleses, que temen que estos deepfakes se vuelvan invencibles, sobre todo porque los algoritmos detrás de su creación son muy difíciles de detectar.

En este caso, se plantean claramente dos peligros: el primero son las falsificaciones profundas orquestadas por un enemigo de Larry, un competidor o un grupo de piratas informáticos que podrían provocar artificialmente la caída de ciertos precios, contaminando Aladdin con información falsa; el segundo es la posibilidad de que Aladdin mismo cree falsificaciones profundas indetectables, manipulando así las cadenas de inversión en beneficio de individuos privilegiados.

En un esclarecedor artículo sobre los comunicadores al servicio de George Bush, a los que llamó los "magos de la Casa Blanca", el escritor e investigador Christian Salmon menciona "la estrategia Sherazade", que consiste en contar historias fabulosas para hacer olvidar los desastres de una política. Salmon relata una anécdota contada por Ron Suskind, premio Pulitzer y periodista del WSJ.

Unos días después de la elección de George Bush en 2002, Suskind se reunió con Karl Rove, el principal asesor de Bush, quien se burló del periodista diciendo que no vivían en el mismo mundo. "Usted pertenece a lo que llamamos la comunidad basada en la realidad", dijo Rove. "Usted cree que las soluciones surgen de su análisis juicioso de la realidad observable". Suskind asintió y murmuró algo sobre los principios de la Ilustración y el empirismo. Rove lo interrumpió: "Esa no es la forma en que realmente funciona el mundo. Ahora somos un imperio", continuó, "y cuando actuamos, creamos nuestra propia realidad. Y mientras usted estudia esa realidad, juiciosamente, como desea, nosotros actuamos de nuevo y creamos nuevas realidades, que usted también puede estudiar, y así es como suceden las cosas. Somos los actores de la historia. [...] Y ustedes, todos ustedes, todo lo que tienen que hacer es estudiar lo que hacemos".

Salmon también cita al profesor de la Universidad de Colorado Ira Chernus, quien explica que Rove aplicó la "estrategia de Scheherazade" durante los dos mandatos de Bush: "Cuando la política te sentencia a muerte, empieza a contar historias, historias tan fabulosas, tan cautivadoras, tan inquietantes que el rey (o en este caso el pueblo estadounidense, que nominalmente gobierna nuestro país) olvidará la sentencia de muerte". Rove jugó con la sensación de inseguridad de los estadounidenses, haciéndoles olvidar la desastrosa guerra en Irak invocando mitos colectivos de heroísmo estadounidense. "Karl Rove", explica Chernus, "apostó a que los votantes quedarían hipnotizados por las historias de John Wayne, con 'tipos reales' luchando contra el diablo en la frontera; suficientes estadounidenses, en cualquier caso, para evitar la sentencia de muerte que los votantes podrían haber pronunciado contra el partido que nos llevó al desastre en Irak. [...] Rove nunca deja de inventar historias de buenos y malos para uso de los candidatos republicanos [en el Congreso]. "Se esfuerza por transformar cada elección en un teatro moral, en un conflicto que enfrenta el rigor moral de los republicanos contra la confusión moral de los demócratas. [...] La estrategia de Sherazade es una gran estafa, construida sobre la ilusión de que simples historias moralizantes nos darán una sensación de seguridad, independientemente de lo que esté sucediendo en el mundo".

Con la elección de Donald Trump, Estados Unidos, con su maquinaria política, bélica y financiera, parece haberse alejado aún más de la realidad que bajo Bush y Rove. Trump y su entorno se han convertido en productores de una ficción que quieren imponernos. BlackRock y la leyenda de la riqueza que ofrece al mundo la compra de ETF, gestionada por una inteligencia artificial imbatible, forman parte de ella. Larry fascina a Michel Sapin. Bruno Le Maire está tumbado boca abajo frente a él. Emmanuel Macron lo mira con ojos desorbitados y le da palmaditas en el hombro. La prensa, especialmente la financiera, lo elogia y acusa de antiamericanismo primario a quienes lo criticaron durante las manifestaciones contra la reforma de las pensiones.

Este artículo de *Le Monde* del 9 de enero de 2020 proporciona evidencia de ello:

Un ligero aire de antiamericanismo flota sobre Francia, que no debe nada a Donald Trump. Después de McDonald's, el proveedor de "comida basura", Amazon, el sepulturero de empleos, y Goldman Sachs, el portador del capitalismo globalizado, un nuevo gigante ha despertado este sentimiento, firmemente arraigado en una parte del público desde hace dos siglos: BlackRock. Hace apenas unos meses, el primer gestor de activos mundial era un desconocido para el gran público; se ha convertido en el Gran Satán, ya que se cree que está detrás de la reforma de las pensiones. ¿La prueba? Su jefe fundador, Larry Fink, se sentó a la derecha del presidente de la República el 10 de julio de 2019, en el Palacio del Elíseo, durante una reunión sobre finanzas verdes, como resumió Julien Muguet antes de concluir. No podemos lamentar que una parte importante de los 1,5 billones del CAC 40 esté en manos extranjeras, con el riesgo de que las inversiones y las decisiones de contratación se tomen en sedes lejanas, y al mismo tiempo impedir la aportación del capital necesario para el crecimiento de las empresas a través de los ahorros para la jubilación de los franceses. "¡Un esfuerzo más para convertirse en capitalistas!", les dice el señor Fink. Pero antes de convertirlos en un pueblo de pequeños accionistas... Larry puede estar satisfecho con el storytelling logrado en tan poco tiempo. Aunque todavía está muy por detrás de sus competidores franceses de gestión de activos como Amundi, BNP Paribas, Axa o Natixis, puede esperar mucho de la eliminación de los regímenes especiales de pensiones y del deseo expresado por Emmanuel Macron de ver a los ejecutivos con altos ingresos, que ganan más de 10.000 euros mensuales, liberados de las cotizaciones a la seguridad social. Liberados. Eso es liberalismo, versión Fink-Macron. No exactamente el de Tocqueville...

En la época en que Alexis de Tocqueville escribió *De la démocratie en Amérique* , obra de referencia para los liberales, la esclavitud era todavía la norma. Una mayoría de liberales –Auguste Comte, Charles Dunoyer, Benjamin Constant– la justificaban como necesaria para el desarrollo de la industria y la sociedad. Esos mismos liberales soñaban con un mundo en el que el poder ilustrado estaría en manos de una élite de ingenieros, científicos y banqueros. Tocqueville había respondido concisamente ante sus colegas de la Academia de Ciencias: "No admitiré que un acto injusto, inmoral, un atentado contra los derechos más sagrados de la humanidad pueda justificarse jamás por una razón de utilidad". Ese momento marca una ruptura entre dos corrientes del liberalismo, cuya historia, presentada en los medios de comunicación, está hoy demasiado caricaturizada.

Utilidad, necesidad, arcas vacías, no hay otra opción: Larry Fink y Emmanuel Macron se apoyan a menudo en estos argumentos, repetidos por periodistas o presentadores de televisión complacientes, para justificar reformas que sólo los liberales más cínicos no negarían. Aquellos que soñaron y todavía sueñan con una élite de científicos y banqueros para ilustrar al pueblo.

Emmanuel Macron ofrece a los más ricos la libertad de no seguir financiando los servicios públicos. Ya no se les obligará a contribuir a la fraternidad nacional (después de 120.000 euros anuales). Su tipo impositivo bajará del 28% al 8%. Así podrán contribuir con su parte a los gigantes financieros y podrán invertir sus ahorros en fondos de inversión especializados y de alto rendimiento.

El dinero de los jubilados y ahorradores adinerados nunca ha estado tan cerca del bolsillo de Larry. Sería una locura hacer que las pensiones dependan de los precios de la Bolsa, lo que inevitablemente resultaría de la reforma de la capitalización deseada por los lobbyistas de BlackRock (y François Fillon, parte de la derecha liberal y los Enmarcheurs), que quieren que modelemos nuestro sistema de pensiones según el modelo estadounidense.

La máquina de crear historias y formatear mentes, tan querida por Christian Salmon, nos cuenta una historia muy hermosa sobre la reforma de las pensiones. Cómo crear un problema y una pregunta que no tenían ninguna razón de existir... El sistema de pensiones de reparto estaría condenado a largo plazo, porque el número de trabajadores activos disminuiría.

Lo cual es falso, está aumentando. Estaríamos ante un déficit abismal, sin poder pagar nuestras pensiones a pesar de la generosidad de los primeros en la fila. El Consejo Consultivo de Pensiones ha demostrado que el déficit para financiar las pensiones sería de alrededor de 10.000 millones en 2025 (el rango está entre 7 y 17.000 millones). No es una cifra enorme y podría resolverse sin dificultad.

El sistema de pensiones de reparto combinado con un sistema de compensación por puntos (que ya existe en Francia) es viable y operativo.

Una entrevista con un profesor de economía de París VIII, vista millones de veces, muestra de manera implacable que "no hay ningún problema para financiar las pensiones". Es lo que explica Gilles Raveaud en este vídeo, revelando, sin que nadie lo desmienta, la existencia de un fondo de reserva para las pensiones de 30.000 millones de euros y que los fondos de pensiones complementarios tienen 116.000 millones en reserva. Así lo confirma el diario *Le Monde*. Emmanuel Macron también lo había destacado en su campaña de 2017, afirmando que "no hay ningún problema para financiar las pensiones en Francia". A pesar de ello, la propaganda continúa, cada vez más alarmista. Se dice que la seguridad social está agotada, la población envejece, los jóvenes están sin trabajo y no están dispuestos a financiar la jubilación de los mayores, los servicios públicos son demasiado caros, los salarios están sobrecargados...

Afortunadamente, Larry Fink está allí, generoso y leal. Él cuidará bien de nosotros.

Disparates.

Capítulo 20

En una entrevista con *Le Figaro* , Larry Fink habla de su enfoque de gestión y atracción de clientes: "Dedico más tiempo a la cultura corporativa que a cualquier otra cosa. En todos los países en los que estamos presentes, BlackRock se esfuerza por demostrar su razón de ser. No podemos ser una empresa estadounidense en Francia. Debemos ser franceses en Francia, italianos en Italia, mexicanos en México. Muchas empresas han olvidado que deben ganarse el derecho a operar en ciertos mercados. Las multinacionales deben pensar en esto, sobre todo en un mundo en el que los políticos están dando marcha atrás en la globalización".

Pregunta de Le Figaro: BlackRock asesora a bancos centrales, como el griego durante la crisis. ¿No existe riesgo de conflicto de intereses con su trabajo como inversor?

La respuesta divertida de Larry, que demuestra su familiaridad con el tema: "Hemos asesorado a los Estados y a las instituciones financieras durante la crisis (esta actividad de asesoramiento es también lo que hizo rentable a BlackRock cuando se creó) y estamos muy orgullosos de ello. Nos hemos ganado la confianza de los gobiernos gracias a nuestra capacidad de analizar los riesgos, pero el asesoramiento está estrictamente separado de la gestión de activos. Hemos establecido un muro de hierro entre ambas, y estas actividades son auditadas constantemente para verificar su eficacia: todo es transparente".

¿Quién audita a BlackRock? Cada tres años, cada una de las cuatro grandes empresas auditadas es auditada por ellas. Desde la desaparición de Arthur Andersen en 2002, las cinco grandes se convirtieron en las cuatro grandes y, después, debido a su tamaño y expansión, las cuatro grandes se han convertido en los cuatro gordos: Deloitte, Ernst & Young, KPMG y PricewaterhouseCoopers. En la actualidad, Ernst & Young es el responsable de auditar al gigante del capital privado. Básicamente, a cambio de unos honorarios sustanciales, estos auditores elaboran informes extensos que pocos leen y que dan un sello de aprobación: buen servicio. Larry nos asegura transparencia y una separación hermética entre las actividades de consultoría e inversión. Tenemos que creerle.

¿Es también impermeable la separación de Larry Fink? Como director general que supervisa ambas sucursales, si alguien está estructuralmente informado sobre las actividades de consultoría e inversión, es él. Por ejemplo, mientras asesora al BCE, Larry podría enterarse de que las cuentas de una aerolínea están en desorden, sus acciones están a punto de desplomarse, y tal vez incluso recomendar la quiebra. Al mismo tiempo, su rama de inversiones podría incluir a esta compañía en varios paquetes de ETF. Larry nos asegura que no utilizaría la información de un canal para informar a otro, y que no hay comunicación entre las sucursales. Por el bien de sus clientes, Larry dejaría que sus vendedores vendieran acciones de bajo rendimiento en lugar de asesorar al BCE para salvar a la compañía.

Este ejemplo sugiere un potencial de corrupción. El desafío de Larry es mantener esta ambigüedad, incluso si aún no se ha visto atrapado en un conflicto de intereses directo. Opera en la intersección de tres mundos que ahora dependen de su experiencia: los bancos privados y los promotores del capital privado, los bancos centrales y los estados, y los especuladores y ahorristas del mercado de valores.

El concepto de un "muro de hierro" entre las actividades de consultoría y de inversión evoca el recuerdo del colapso de Arthur Andersen en 2002 debido a conflictos de intereses similares. Arthur Andersen, que en su día fue una prestigiosa firma conocida por su rigor, tenía una historia de integridad. Fundada en 1913, creció rápidamente y se convirtió en una firma de contabilidad líder en las principales ciudades estadounidenses, expandiéndose a Europa. Para su 75º aniversario en 1988, el folleto de la firma se tituló "Una visión de grandeza", lo que reflejaba su crecimiento y prominencia.

Sin embargo, en 2001, Arthur Andersen contaba con 85.000 empleados y generaba 9.000 millones de dólares en ingresos. Su estructura internacional, Andersen Worldwide, tenía oficinas en 94 países. A pesar de su éxito, las preocupaciones sobre los conflictos de intereses entre sus divisiones de auditoría y consultoría dieron lugar a un escrutinio minucioso. Arthur Levitt, director de la SEC, estaba especialmente preocupado por estas cuestiones.

La estrecha relación de Arthur Andersen con clientes como Enron, a la que asesoraba y auditaba, ejemplificaba el conflicto de intereses. La manipulación de las cuentas y la evasión fiscal por parte de Enron, con la ayuda de Arthur Andersen, acabaron provocando la caída de la empresa. Arthur Andersen fue criticado por pasar por alto las cuentas falsificadas de Enron y por destruir documentos durante las investigaciones federales.

De manera similar, desde el colapso de Arthur Andersen, las Cuatro Grandes han enfrentado sus propias controversias. En 2014, Tesco admitió haber inflado sus ganancias con la complicidad de PricewaterhouseCoopers. El caso LuxLeaks reveló esquemas de evasión fiscal facilitados por PricewaterhouseCoopers. Deloitte, KPMG y Ernst & Young han enfrentado problemas similares con otras empresas, lo que demuestra que persisten los conflictos de intereses y las debilidades regulatorias.

La quiebra de Lehman Brothers, validada por Ernst & Young, pone de relieve aún más los problemas persistentes dentro de la industria de la auditoría.

"Big Four: el escándalo de los contables en la sombra", titula *Le Monde* , que suele ser cauto a la hora de criticar las finanzas internacionales. De Tesco a LuxLeaks, las cuatro grandes firmas de contabilidad que dominan las finanzas mundiales están enredadas en escándalos y gestionando conflictos de intereses. El periodista describe a estas firmas como un "cártel que se ha vuelto esencial", auditando a 99 de las cien mayores empresas británicas, la mayoría de las de Estados Unidos y todas las empresas del CAC 40. Con 50 millones de euros por auditoría para las mayores multinacionales, el mercado es altamente lucrativo, permitiendo a los socios ganar una media de un millón de euros al año. Estas firmas hacen más que auditorías, que constituyen menos de la mitad de sus ingresos. También son actores clave en la fiscalidad de las multinacionales, ideando los métodos más eficaces para explotar las leyes fiscales de los distintos países.

Así, cuando Larry Fink se enfrenta a preguntas sobre su integridad, recurre a estos prestigiosos Fat Four. Contrata sus servicios y les paga generosamente para demostrar la calidad de la gestión de BlackRock y la impermeabilidad del muro que separa sus funciones de asesoramiento y de inversión.

El análisis de los ejecutivos de BlackRock y de las Fat Four revela conexiones preocupantes. La jerarquía de BlackRock está formada por antiguos empleados de PricewaterhouseCoopers, Ernst & Young o KPMG. La intercambiabilidad del personal en estas empresas sugiere una falta de verdadera separación. Como se puede observar en LinkedIn, las mismas personas a menudo se trasladan de una empresa a otra, lo que indica una red acogedora y egoísta.

Además, auditar una entidad colosal como BlackRock plantea desafíos importantes. Una fuente familiarizada con la investigación sobre Clearstream, que también maneja grandes cantidades de datos, explicó: "Incluso si tuviera vía libre, cosa que nunca tengo debido a la supervisión constante, no sabría por dónde empezar con datos digitales tan masivos. Imaginemos auditar una empresa que genera 30 billones de dólares en efectivo". Las operaciones de BlackRock son igualmente complejas, lo que hace que una auditoría exhaustiva sea casi imposible. Un funcionario de la Comisión de Supervisión del Sector Financiero de Luxemburgo (CSSF) confirmó que Clearstream nunca había sido auditada efectivamente desde el exterior, afirmando: "Clearstream y sus accionistas siempre han tenido autocontrol".

La situación de BlackRock es posiblemente aún más precaria. Como empresa demasiado grande para quebrar, está tan arraigada en el sistema financiero que incluso un auditor motivado e independiente tendría dificultades para descubrir irregularidades en su amplia gama de cuentas y transacciones.

En este entorno, la confianza se deposita en el sistema y la máquina, en lugar de en la supervisión humana. El escenario evoca la clásica imagen de ciencia ficción de *2001: Odisea del espacio* , donde HAL, la supercomputadora impulsada por inteligencia artificial, se niega a abrir la puerta al astronauta Dave Bowman, lo que simboliza la creciente dependencia y desconfianza en la tecnología y sus operadores.

—Ábreme esta puerta, Hal —implora Dave.

—Lo siento, Dave, no puedo hacer eso —responde HAL.

-¿Qué quieres decir con eso? -pregunta Dave.

"Esta conversación no tiene sentido. Adiós", concluye HAL.

Capítulo 21

Hacia el final de su libro, Heike Buchter confiesa que teme la excesiva influencia de BlackRock "un poco como en La guerra de las galaxias, cuando el lado oscuro de la Fuerza se vuelve demasiado poderoso", escribe. Sobre todo porque Larry Fink aparece, aunque intente disimularlo en la mayoría de sus recientes entrevistas europeas, como un libertario acérrimo. "Desde hace seis años, le vemos comunicarse mucho más: en programas matinales, en Washington, Madrid, Londres y Berlín. Escribe artículos de opinión para el *Wall Street Journal*, concede entrevistas al diario español *El País* en el Ritz, habla con los editores de *Der Spiegel* y les dice que los alemanes tienen demasiado miedo a invertir", apunta la periodista. El mensaje de Larry resulta incómodo para un francés apegado a los servicios públicos, nostálgico de las vacaciones pagadas y de la jubilación a los 60 años. Según él, los ciudadanos tienen demasiado miedo al cambio y deberían correr más riesgos para ganar más. Esta es la esencia de su mensaje en Francia. Sarkozy era partidario de ideas similares, pero las opiniones de Larry son aún más extremas. Es un firme partidario de la prolongación de la vida laboral: "¿Por qué debemos ser improductivos durante un tercio de nuestras vidas?", se pregunta en sus entrevistas. Para él, "es una bendición trabajar hasta los 68 años", asegura Heike Buchter.

Larry parece querer descargar sobre nosotros el seguro de jubilación, olvidando que los estadounidenses, con la extensión de las horas de trabajo, han perdido el 30% de sus pensiones desde la crisis de 2008, en medio del creciente dominio de firmas de capital privado como BlackRock sobre la economía.

Tras haber sido testigo del fracaso del gobierno belga en la reforma de su sistema de pensiones a pesar de las importantes protestas, Larry Fink aboga ahora por que el gobierno de Emmanuel Macron encuentre "el camino de la razón". Lo visita con frecuencia y considera que nuestro país va por buen camino, como declaró *a Le Monde* en septiembre de 2018: "Reformar y cambiar el statu quo es difícil, pero estoy convencido de que la dirección tomada por el presidente Macron sigue siendo la correcta. BlackRock cree firmemente en el futuro de

Francia. Desde las elecciones presidenciales, hemos duplicado nuestras tenencias de deuda soberana francesa".

Al examinar las fechas de los vuelos de su jet privado, el Gulfstream G550, a París y compararlas con la agenda de Emmanuel Macron, disponible en la página web del Elíseo, encontramos muchas incoherencias, pero una certeza: Larry Fink sólo viene a Francia desde la elección de Macron. Visita Francia con frecuencia.

Según nuestros cálculos, el jefe de BlackRock ha realizado entre seis y ocho viajes a Francia para reunirse con Emmanuel Macron, mientras que BlackRock solo reconoce cuatro. Antes de la elección de Macron, Larry Fink admitió haber asistido a un encuentro en Davos en enero de 2016, cuando Macron era ministro de Economía de François Hollande. Sin embargo, no confirmó un encuentro en el Palacio del Elíseo a principios de julio de 2017. Esta reunión habría sido organizada por Jean-François Cirelli. No está previsto ningún vuelo del avión de Larry durante este período. Sin embargo, *Le Nouvel Obs* y otros periodistas han informado sobre esta reunión.

Larry habría visitado París en las siguientes fechas, según los registros de vuelo de su avión: — 23 de noviembre de 2017, sin ninguna reunión prevista; — 9 de noviembre de 2018, sin ninguna reunión oficial; — 4 de febrero de 2019, con un hueco en la agenda del Elíseo entre las 12:30 y las 16:30 horas; — 15 de marzo de 2019, día libre en el Elíseo, sin nada previsto.

Estas fechas de vuelo no coinciden con las fechas oficiales proporcionadas por BlackRock y el Élysée: — Una reunión en octubre de 2017 con inversores internacionales; — En julio de 2019, una reunión con ocho gestores de activos sobre el clima (One Planet Summit), organizada por Larry y sus amigos banqueros de Goldman Sachs, BNP Paribas, State Street, Natixis, Amundi y Northern Trust.

El 20 de enero de 2020 fue el Día de Elegir Francia, cuando el presidente Macron se reunió con inversores extranjeros, incluido Larry Fink y líderes empresariales franceses.

Independientemente de los viajes confirmados, Larry y su equipo están haciendo un esfuerzo concertado para influir en Francia, creyendo que si la reforma de las pensiones tiene éxito en París, desencadenará una reacción en cadena en toda Europa. El ataque a los sistemas de pensiones se ha convertido en el foco central de atención de Larry y su representante en Francia, el notable Jean-François Cirelli .

Cirelli, conocido como Iznogoud por su época en Gaz de France, siempre ha estado involucrado en lo que se puede describir como maniobras controvertidas y egoístas. Como firme defensor del capitalismo liberal, ha pasado del derecho y la ciencia política a convertirse en director de BlackRock Francia. Sus funciones anteriores incluyeron asesorar sobre la reforma de las pensiones, trabajar en el Tesoro e influir en la transición al euro. Como subdirector del primer ministro Jean-Pierre Raffarin, desempeñó un papel importante en la reforma de las pensiones de François Fillon, que incluyó la ampliación de las contribuciones y la puesta en marcha de pensiones financiadas.

La trayectoria profesional de Cirelli incluye la dirección de Gaz de France, que fue privatizada y provocó importantes aumentos de tarifas a pesar de las promesas de que no se privatizaría. Luego se trasladó a Suez, donde aumentó significativamente su salario tras la privatización. Contratado por Larry Fink en 2015 como director ejecutivo de BlackRock Francia, Cirelli ha utilizado sus amplias redes para impulsar la agenda de Larry, promoviendo el capital privado y los ETF al estilo de BlackRock.

Las conexiones de Cirelli se extienden a Matignon, donde tiene fuertes vínculos con Alain Juppé y Édouard Philippe, quienes apoyaron políticas como la eliminación de la semana laboral de 35 horas y el aumento de la edad de jubilación. La estrategia de BlackRock en Europa implica reclutar figuras influyentes como Cirelli y otras en Berlín, Londres y Grecia, centrándose en aprovechar su influencia política y económica para promover sus productos y agendas financieras.

El asesor especial de Emmanuel Macron, Philippe Grangeon (exdirector de comunicación de la CFDT, presidente interino de LREM en 2018, asesor de Nicole Notat), intenta en particular mantener el diálogo entre Emmanuel Macron y Laurent Berger, el actual líder del sindicato CFDT, a pesar de que su oposición a cualquier medida de reducción de costes es ampliamente ignorada. En Matignon, Benoît Ribadeau-Dumas, por su parte, defiende posiciones fiscales destinadas a equilibrar financieramente el sistema. Sin embargo, esta tensión no se extiende al interés mostrado por los gestores de activos en general y BlackRock en particular. Ambos jefes del ejecutivo los reciben con la misma benevolencia y les abren de par en par las puertas de los salones de la República", concluye. BlackRock es el brazo que pretende socavar todos los proyectos de emancipación y nacionalización, allí donde se tomen iniciativas que no estén alineadas con BlackRock. Allí donde intervienen los BlackRock, el Estado del bienestar no tiene cabida.

Como escribí en mis lienzos hace ocho años, Larry Fink domina el arte de ignorar a los pobres y hacerlos aún más pobres. Por supuesto, nunca lo expresa así. Larry es experto en recuperarse y hacernos creer en su buena suerte, como se ve en esta entrevista publicada en Le Figaro, donde enfatiza el rigor y la benevolencia hacia sus clientes:

"Usted es uno de los hombres más poderosos del planeta. ¿Qué responsabilidad tiene?", pregunta el periodista francés.

¡Qué emoción oír a un periodista afirmar que estás en la cima del planeta del Poder y el Dinero después de una entrevista con el hombre que tomó el Elíseo y quiere que Francia y sus ancianos vuelvan a trabajar! Cruza las piernas, ajústate las gafas de montura dorada. Piensa en lo lejos que has llegado desde tus primeros días en First Boston. Piensa en Lorri y en los panqueques de mañana. En las veletas de North Salem que giran más rápido que el cerebro de la persona que tienes delante. Por último, dite a ti mismo que mereces tus miles de millones. Sonríe con modestia y condescendencia al mismo tiempo. Y da una respuesta contundente, si es posible:

"Mi responsabilidad no ha cambiado en los últimos treinta años y pienso en ella todos los días", recita Larry. "Somos responsables de los ahorros de millones de personas en todo el mundo, más que cualquier otra institución, y nuestro trabajo es asegurarnos de que su futuro financiero sea el mejor posible".

¡Qué altruismo! ¡Qué desinterés! Larry asegura que les recuerda a sus empleados todos los días:

"Lo importante no son las cantidades que manejamos, sino el ahorro de cada profesor, de cada policía, de cada militar que gestionamos. Debemos ganarnos la confianza de nuestros clientes cada día, haciendo lo mejor que podamos en términos de rendimiento, pero también explicándoles la importancia del largo plazo".

¡Vamos! Casi se nos escapa una lágrima. ¡Santo cielo! ¿Por qué detenerse ahí?

"En este sentido, no somos lo suficientemente eficaces. Demasiada gente se centra en el corto plazo. Demasiados franceses guardan sus ahorros en cuentas corrientes, ¡y esa no es una buena estrategia!"

De eso no hay duda. Es mejor dejar sus ahorros en manos de Jean-François Cirelli y BlackRock. Deje de preocuparse y confíe en ellos...

La apuesta fue lanzada.

Capítulo 22

En 2019, BlackRock recaudó más de mil millones de dólares por día. El gestor de fondos vio aumentar sus activos bajo gestión en aproximadamente 429 mil millones de dólares, lo que marca un aumento récord de casi el 25%. Los activos gestionados por el gigante estadounidense se acercan a los 7,5 billones de dólares.

Detrás de la tecnología, como nos dice Bernard Stiegler, se esconde una ideología: la de los todopoderosos mercados financieros, de los que BlackRock es el último avatar. Detrás del algoritmo de Aladino surge una visión: un mundo sin sorpresas en el que siempre prevalece la ley del más fuerte y del mejor preparado. Esta visión es una herejía, no deja espacio para la humanidad ni para el cuerpo social. Detrás de los equipos y procesos de altísimo rendimiento de BlackRock hay matemáticos, analistas, informáticos, físicos y cibernéticos que los diseñan. Se les paga por evitar errores y revueltas. Su forma de imaginar la sociedad, su percepción de la vida misma, coincide con los intereses de quienes los alimentan y los utilizan.

Joder Larry.

BlackRock, es su belleza, su confianza. Esa manera que tiene de hacer alarde de su poder. Viva el capitalismo. Viva la gran lavadora que gira, nos lava y regenera el tejido económico. Viva Aladino y sus consejos para el mañana.

Larry Fink me deprime.

Estoy en un punto muerto. A medida que avanzo en esta historia, descubro secciones enteras de información, conexiones y declaraciones que no había imaginado, confirmando mi intuición inicial. La creciente participación de BlackRock se desborda en los mercados financieros. Impacta en nuestras vidas. Es peligroso.

Le escribo a un amigo que trabajó en ese ambiente y que ahora está jubilado. Apodaba al jefe de BlackRock "Larry el Embrouille".

Diálogo: — Dígame ... Sigo en BlackRock. Tengo quince capítulos en mente. Me estoy releyendo, en particular este extracto sobre los ETFs, vendidos por Fink a millones de especuladores bursátiles. Pensándolo bien, estamos en problemas porque nadie controla el caos... — Confirmo... ¿Y qué? Nadie controla nada. En Francia, ha pensado mucho en Kerviel. Pero hay Kerviels por todas partes. Todos los bancos y fondos de inversión son una bomba de relojería... — Si los clientes de BlackRock decidieran unilateralmente retirar sus participaciones, las acciones de las empresas de todo el mundo en las que ha invertido la firma se desplomarían casi instantáneamente. Nadie podría recomprar los ETFs. — Para que llegaran a ese punto, tendría que haber un gran acontecimiento. Los que compran ETFs lo hacen por teléfono. Si quieres vender, tienes que llamar y justificarlo. Lleva tiempo... — Vale, pero ¿qué pasaría? ¿Un colapso? ¿Un desplome? ¿O poco? ¿Tiene alguna idea? — No, los ETF son especiales. Se compran acciones de un fondo que refleja una categoría, a menudo amplia y global. El principal riesgo es que la categoría se hunda o que el sistema global se derrumbe. Esto último es teóricamente posible, pero prácticamente improbable. Haría falta algo enorme. Sobre todo porque hoy en día la realidad es que la mitad de los mercados financieros están en manos de los bancos centrales. Han comprado todo e inventado el dinero... Por eso BlackRock y Larry los cortejan constantemente. El problema es que dependen de BlackRock tanto como BlackRock depende de ellos. — Tomemos el ETF CAC 40... BlackRock posee más del 5% de unas veinte empresas... Si el ETF CAC se derrumba, ¿qué pasa? — Nada... De lo contrario, los mercados se habrían derrumbado desde marzo de 2019. Se mantienen estables. Los bancos centrales mantienen los precios. No es el ETF el que cae. Son primero las empresas; luego el ETF si está mal ponderado. — ¿Y qué efecto tiene sobre la realidad? — El principio de los ETF es el de repartir los riesgos, el de diluirlos. BlackRock tiene hoy ese estatus porque posee muchos ETF, cada uno de los cuales posee una pequeña parte de una gran empresa. — ¿Entonces, el colapso es bastante improbable? — Para que se produjera un colapso, haría falta o bien una rápida debacle mundial o bien una mala gestión de uno o varios ETF. Pero para BlackRock, eso no cambia mucho. Se llevan sus comisiones... — En el mercado de obligaciones y de acciones, BlackRock roba clientes a los bancos, ¿no? Sobre todo si Aladdin entra en funcionamiento. — Sí, y esta posición hegemónica empieza a molestar. El riesgo para BlackRock sería una coalición de bancos o una operación tipo Kerviel. Que una persona juegue con el dinero de la tienda olvidando que no es suyo. Eso podría causar daños importantes. BlackRock no posee ni un 10.000 de las sumas que gestiona... Sigo: — Otra pregunta que me hago... Veo el juego del BCE y de los bancos centrales, o de la Fed... las imprentas que rescatan... Pero ¿cuál es el riesgo? La historia podría continuar eternamente... ¡Aladino va a convertirse en el Google de los mercados, que se supone que predice el riesgo en tiempo real! Entonces, si hay un gran error o un fallo, ¿Aladino debe verlo? — No necesariamente. El aspecto predictivo de Aladino es el anuncio de Larry Fink. Aladino no puede predecir nada; solo permite encontrar una razón después del hecho si las cosas van mal. — Entonces, si Aladino está en problemas, BlackRock podría verse arrastrado... — Podría . — La estructura montada por Larry se basa esencialmente en promesas. Todo se reduce a esquemas Ponzi, ¿en serio? — Sí, y un día, si al final del año faltan 300 millones de resultados y su tienda ve caer el precio de sus acciones, entonces intentará encubrirlo. —Te estoy confundiendo. Yo saco, digamos, 300 millones de 30 mil millones en una semana... —Pero, ¿ de dónde los saca? —Se los saca discretamente a sus clientes que piensan que están a salvo con ETFs geniales invertidos en agua o turbinas eólicas... No hay suerte, al día siguiente, Kim lanza un misil nuclear mientras grita. El mercado cae un 15% en tres días. Y Larry sufre una pérdida de 5 mil millones. La empresa está en problemas. Y sus clientes están jodidos. A partir de ahí, venden como locos. Pero si no hay más compradores, ¡es un desastre! —¿Puede pasar algo así? —Sí, por supuesto. BlackRock invierte 10 mil millones en acciones en proyectos petroleros mexicanos, por ejemplo. El hijo de Slim está en el consejo, lo que ayuda... Pero si las cosas van mal y descubrimos que los 10 mil millones no fueron exactamente para los clientes... —En un caso así, la empresa lo ocultará... —Sí. La empresa sigue anunciando 5.000 millones de beneficios al año con un volumen de negocio de 12... Dieciséis mil empleados... Hay una enorme cantidad de efectivo estancado en BlackRock. Es tentador utilizarlo mientras sus clientes no vendan. Siete mil billones en inversiones, un tercio de los cuales son ETF. Cinco mil millones de beneficios con un volumen de negocio de 12... eso es mucho...

Desde que asumí el reto de escribir sobre BlackRock, he pasado horas en Internet buscando la más mínima información, intentando contrastar mis fuentes. Sobre todo he leído los blogs y boletines de varios analistas financieros. Es un sector hipercompetitivo dominado por charlatanes. Mucho antes de Internet, los analistas ya competían y los modelos predictivos, más o menos divertidos, competían entre sí en ingenio. Hoy en día, el número "de oro" ha sido abandonado, pero los analistas técnicos o "chartistas" -aquellos que aseguran que sus cálculos son correctos trasteando con palos y velas- inundan los sitios de la bolsa. Predecir caídas siempre ha sido parte del juego y el Santo Grial. Recuerdo a un analista belga del Banque Bruxelles Lambert que predecía una caída de la bolsa todos los años a su dirección. Al final, con el paso de los años, se demostró que tenía razón, y quienes no conocían sus peculiares métodos lo tomaron por un gran adivino.

Mientras buscaba información, tuve dos encuentros notables. Uno con un joven analista financiero francés afincado en Lausana. El otro con el gurú estadounidense de la predicción de crisis. Ambos tienen conocimientos sobre BlackRock que refuerzan mi creencia de que mi intuición sobre la peligrosidad de la empresa de Larry era correcta. Y que yo tenía razón, después de la censura de mi prólogo, al emprender lo que parece un viaje peligroso.

Guy de la Fortelle no es un adivino ni gestiona carteras de valores, pero publica regularmente análisis en Internet. ¿Por qué no tenerlos en cuenta? Los peces gordos financieros aplaudieron muy mal a Bernard Madoff la víspera de su caída. Guy de la Fortelle no ha caído, no pretende instaurar una nueva religión financiera, se limita a ofrecer sus opiniones en su sitio web.

En un vídeo publicado en enero de 2020 en su blog, compara los ETF con el detergente para ropa y a BlackRock con un supermercado que manipula el mercado inundándolo con productos con descuento...

BlackRock quiere convertirse en el Google de las inversiones. Es el último relevo de crecimiento posible para el monstruo que ya maneja 21 billones de dólares, directa o indirectamente: tanto como el PIB de Estados Unidos y más que todo el Nasdaq , que incluye a los gigantes tecnológicos estadounidenses: Google, Microsoft, Apple, Amazon... Hoy conocemos bien todos los problemas que plantea la hegemonía de Google. No son nada comparados con el delirio de poder de BlackRock y su fundador Larry Fink, quien, a sus casi setenta años, aún tiene tiempo para ejecutar su plan pero ni un minuto que perder. Como el monstruo de Julio Verne, pocas personas pueden distinguir los engranajes del Nautilus detrás de la misteriosa y fantástica bestia. Aquí, los 0 y los 1 del monstruo algorítmico han reemplazado a la chapa y los engranajes... Hemos cambiado de milenio. El Capitán Nemo se llama Larry Fink, más amable pero no menos oscuro que el antihéroe de *Veinte mil leguas de viaje submarino* . Y, al igual que el Capitán Nemo, Fink parece indiferente al bienestar de quienes lo rodean y dedicado exclusivamente a una visión del mundo donde sólo él gobierna.

En definitiva, BlackRock es el capricho de nuestra época: una entidad autónoma, cuyo máximo responsable no se dirige al público, preocupado únicamente por maximizar el ya exorbitante poder financiero del fondo estadounidense y su fortuna privada. Es el hombre más poderoso del mundo, con un único objetivo: controlarlo todo, sin límites. Como decía el título de la carta de Larry Fink de 2018: "Un nuevo orden mundial"...

¿Qué ocurrirá a largo plazo? El monstruo algorítmico de BlackRock devorará los mercados financieros. Larry Fink, como los personajes de los grandes escritores de ciencia ficción, sigue el mismo camino. En un mundo en el que siempre gana el ganador, el poder de BlackRock, a pesar de su enorme riqueza, se enfrentará inevitablemente a fracasos. Un algoritmo, por muy poderoso que sea, nunca dominará por completo el mundo real.

Capítulo 23

El argumento de Michael Burry se basa en la cantidad de operaciones con ETF en el S&P 500. Durante aproximadamente un año, se han negociado más ETF que acciones de empresas reales, lo que ha provocado posibles distorsiones en el índice. Según Burry, esta dependencia excesiva de los ETF, que son apuestas especulativas en lugar de acciones reales, podría desestabilizar el mercado porque el índice ya no refleja la verdadera realidad del mercado. Se trata de una cuestión compleja, incluso para los operadores experimentados.

Para ilustrar esto, considere dos escuelas privadas con estudiantes de distintos niveles en su segundo año de secundaria. Un inspector debe calificarlos. En una escuela, los maestros y la vida escolar transcurren normalmente. En la otra, los estudiantes con un promedio de al menos diez sobre veinte tienen la garantía de graduarse al menos con ese promedio. Cada año, calcula el promedio general de ambas escuelas. ¿Cuál de las escuelas tendría la calificación general más justa? Esto es similar a la pregunta de Burry: ¿cuál es el valor de un índice donde la mayoría de las acciones están en manos de fondos automatizados que no toman en cuenta la economía real ni las realidades del mercado?

Mientras escribo esto, pienso en el novato que ve el mercado de valores como una entidad curiosa con poco impacto en nuestras vidas. Usemos una metáfora: imaginemos un cine lleno de gente donde los propietarios de acciones y los propietarios de ETF se mezclan e intentan salir. Cada día, los ETF de Spy se negocian cinco veces más que las acciones de Coty, la empresa francesa de maquillaje, que es la más pequeña del S&P 500. De manera similar, la marca de ropa Gap y las fotocopiadoras Xerox se negocian con mucha menos frecuencia que los ETF de Spy, y en el caso de Ralph Lauren, la proporción es aún más extrema. Esta discrepancia podría ser señal de una catástrofe futura.

Consideremos el papel de los compradores y vendedores de estos ETF. Los grandes bancos e instituciones financieras, para evitar desequilibrios en el mercado, compran o venden acciones del ETF para equilibrar las diferencias.

Sin embargo, durante una crisis, si todos venden a la vez, estos creadores de mercado necesitarán vender las acciones que componen el ETF, incluidas las de pequeña capitalización menos líquidas como Ralph Lauren, que tienen volúmenes de negociación mucho menores. Es como llegar con setenta cajas de tomates para vender en un mercado con una sola caja y una fila de compradores, o a la salida de un cine abarrotado con una puerta muy pequeña. Si alguien grita que quienes no se vayan inmediatamente perderán todo su dinero, se producirá el pánico.

Burry afirma, con el apoyo de gráficos, investigaciones y estadísticas, que en caso de crisis habrá muchos menos compradores que acciones para vender para equilibrar los ETF, a menos que las empresas compren sus propias acciones, lo que distorsiona aún más el mercado. Por ejemplo, el precio de las acciones de Apple, las más altas del mercado, está inflado por las recompras de acciones de la propia Apple. Los creadores de mercado, principalmente los grandes bancos, corren el riesgo de no encontrar compradores para estas acciones, lo que conduce a caídas inevitables de precios y a un círculo vicioso. En marzo de 2020, las caídas observadas en el mercado se detuvieron gracias a la rápida intervención de la Reserva Federal. La pregunta es si la Fed podrá responder con la misma eficacia en la próxima crisis.

En Francia, donde los ETF y la gestión pasiva suponen actualmente menos riesgo para el CAC 40, la situación es diferente. Sin embargo, con la presencia de Larry Fink y sus colaboradores en Europa, Francia no es inmune a estas preocupaciones.

Burry predice que la próxima crisis será un grave problema de liquidez y crédito, similar al que hizo estallar la burbuja inmobiliaria en 2008. En aquel entonces, muchos creían que el mercado inmobiliario era invencible, y Burry fue descartado como un profeta de la catástrofe. Hoy, sus advertencias sobre los ETF se reciben con menos escepticismo, aunque su artículo en Bloomberg no provocó reacciones significativas en el mercado. Sus advertencias, emitidas en septiembre de 2019, parecen haber sido en gran medida ignoradas hasta ahora. Por ejemplo, si el mercado colapsa, las acciones de empresas más pequeñas como Coty caerán más rápido dentro de los ETF, lo que hará que los creadores de mercado vendan acciones rápidamente en un mercado con compradores limitados, lo que agravará la recesión. La metáfora de la salida del cine ilustra cómo el pánico puede causar ventas masivas.

Guy de la Fortelle confirma que la estabilidad del mercado en marzo de 2020 se debió a la intervención de los bancos centrales. Esta situación no es solo culpa de los ETF, sino que estos contribuyen a las distorsiones del mercado al debilitar los valores más pequeños y menos líquidos. Criticar a Burry por sus preocupaciones sobre el hecho de que los ETF resistieron la crisis de marzo pasa por alto el hecho de que los bancos centrales intervinieron fuertemente para apoyar a los ETF.

Los bancos centrales y las grandes gestoras de activos como BlackRock avanzan solidariamente, creando un círculo vicioso. Es lo que critica Burry, y lo intuyó también John Bogle, fundador de Vanguard, fallecido en enero de 2019. Bogle, una figura respetada en el mundo de las finanzas, desconfiaba de los ETF y creía que fomentaban la especulación, minando la respuesta del mercado a la oferta y la demanda. Advirtió de que si los ETF superaban el 50% del mercado bursátil estadounidense, los "tres grandes" (BlackRock, Vanguard y State Street) controlarían el 30% del mercado, lo que, en su opinión, no serviría al interés nacional.

Mientras que algunos consideran que los ETF son una gran inversión debido a su simplicidad y sus bajas comisiones, otros, como Bogle y Burry, los ven como un riesgo. Los críticos sostienen que el apoyo de los bancos centrales a los ETF con intervenciones podría tener consecuencias peligrosas si dicho apoyo cesa.

Con BlackRock liderando el mercado de ETF, tanto el índice CAC 40 como el S&P 500 parecen distorsionados. Las advertencias de Burry parecen plausibles y, si los bancos centrales y los gestores de activos continúan con sus estrategias actuales, las calificaciones del mercado pueden llegar a desconectarse de la calidad real de las empresas. La pregunta crítica es: ¿hasta cuándo continuará esto? Mientras los ETF prosperen, muchos parecen despreocupados, pero cuando el mercado se desplome, las predicciones de Burry pueden resultar acertadas.

Capítulo 24

Mientras escribo estas líneas y trato de terminar este libro antes de que él me acabe a mí, descubro un artículo del *Financial Times* que tenía archivado y que un periódico suizo resucitó curiosamente un mes después. El periodista *del FT* tuvo la buena idea de interesarse por los ETF y de llevar el debate a un lugar donde no se esperaba.

En cuanto al interés de observar los ETF para prevenir las crisis... Nos estamos poniendo un poco duros aquí. Los que bostezan pueden pasar al siguiente capítulo. Al mismo tiempo, está lleno de cantos de pájaros. ¿Conoces a muchos burócratas *del FT que escriban poesía?*

Bajo el título "Los ETF son el canario en la mina de carbón de los bonos", el periodista explica que hay que vigilar muy de cerca los ETF porque, como el canario que muere avisando al minero de la explosión de grisú, son el presagio -y en última instancia morboso para ellos- del próximo colapso. El punto no está tan alejado, aunque el ángulo y el objetivo sean diferentes, del de Michael Burry. ¿Hay que recordar que no fue el canto del canario el que avisó de la explosión de grisú, sino el cese del canto debido a los gases responsables de la explosión? El *Financial Times* analiza el colapso financiero que se evitó por poco en la época de la crisis de la COVID en marzo de 2020 e intenta medir su alcance y los mecanismos de regulación internos. Si hemos de creer al periódico adorado por los financieros, los fondos de pensiones y los grandes gestores de nuestros ahorros, invirtió mucho en ETF después de la crisis de la COVID, que vio a las economías de los países ralentizarse y cerrarse tras las fronteras nacionales. Estas inversiones en bolsa generaron rendimientos interesantes para gestores como BlackRock, proveedores de ETF, y hicieron que los gestores de activos fueran más sólidos en inversiones a priori estables. Pero también los avergonzaron porque las transacciones habituales disminuyeron significativamente. Los mercados carecían de liquidez. Sin embargo, había que mantenerlos a flote. Así que los bancos y las instituciones compraron y vendieron acciones y bonos de una manera un tanto forzada y artificial. El *FT* señala que a principios de marzo de 2020, el precio de los ETF "se desplomó de manera tan dramática que los fondos perdieron su vínculo con los precios de los bonos corporativos subyacentes. Algunos cotizaban con un descuento del 5%" sobre su valor. En el momento de esta caída, nadie podía explicarlo, tan repentina y significativa fue la caída. Aquí viene la revelación del artículo *del FT* : las fluctuaciones en los precios de los ETF precedieron a la caída de los precios: "Esta volatilidad no se produjo porque la negociación se agotara; por el contrario, los volúmenes diarios de negociación en ETF se dispararon, aumentando un 250% en comparación con antes de la crisis, y los reembolsos de los inversores fueron muy modestos en marzo en comparación con otras clases de activos. Parece que los inversores respondieron a la congelación del mercado de bonos corporativos utilizando ETF para cubrir riesgos, investigar precios y eliminar exposiciones que no les gustaban. Los ETF fueron una muleta para los inversores..."

El hecho de que no se produjera ningún reembolso es una mala señal. Los bancos no tenían a quién revender las acciones. Éste es el famoso problema de liquidez que podría haber provocado el colapso si la Reserva Federal no hubiera intervenido.

Los actores del mercado – traders, analistas, banqueros, especuladores bursátiles – se asustan y se dicen: "Mierda, el COVID va a reventar todo, tengo que vender mis acciones rápidamente para comprar algo más estable y diversificado, un índice, un ETF..." Y boom, hay una fiebre... ¿Me estás siguiendo?

Según el *Financial Times* , si la Reserva Federal no hubiera intervenido a finales de marzo para comprar bonos corporativos y ETF en masa, el mercado podría haberse desplomado, lo que habría provocado la caída de los mercados bursátiles y la quiebra de bancos, empresas e instituciones. El artículo concluye que, si bien los bancos desempeñaron un papel importante en la crisis financiera de 2008, los ETF "importan mucho más ahora, y no solo en el mundo de los bonos corporativos".

¿Cómo interpretar esta atención prestada a los ETF? Con este nuevo índice, nos encontramos efectivamente ante el eslabón más débil de los mercados financieros, el que cederá primero en caso de problema. La imagen del canario moribundo cobra aquí todo su sentido. En caso de que se produzca otra tormenta de grisú en los mercados, los propietarios de ETF volverán a estar en primera línea. La Reserva Federal los salvó en marzo, pero ¿se podrá repetir la operación o serán los ETF los primeros en ser sacrificados?

Los bancos y las firmas de capital privado como BlackRock apuestan por lo seguro. Proporcionan liquidez para los ETF y obtienen beneficios cuando todo va bien, pero no asumen riesgos porque no poseen ellos mismos esos ETF. Trabajan para sus clientes. Los bancos privados o centrales necesitan crisis para generar volumen y comisiones. Se les paga por volumen. Un ETF no necesita una crisis; compra y vende constantemente para equilibrar su cesta de valores. Su remuneración no aumentará con la crisis...

no dice el artículo del FT, pero que hace que la situación sea aún más turbia, es que estas compras masivas de bonos y ETF, y por tanto el rescate de la economía estadounidense por parte de la Fed, fueron posibles gracias a BlackRock, como explicó la prensa en su momento. "Cuando la Fed recurre a BlackRock para sus compras de activos", titulaba Les Échos el 25 de marzo de 2020: "Cuando los tiempos son difíciles, los bancos centrales recurren a BlackRock. La Reserva Federal anunció el martes que había llamado a la empresa para que se hiciera cargo de varios de sus nuevos programas de compra de activos. [...] Una nueva muestra de la influencia del mayor gestor del mundo", escribe el periódico, que precisa que BlackRock pilotará en particular "dos vehículos que comprarán deuda corporativa en los mercados primario y secundario, cada uno con 10.000 millones de dólares de capital aportados por la Fed. Al igual que las compras de activos del BCE, los títulos en cuestión deberán ser de buena calidad, es decir, emitidos por empresas relativamente sólidas desde un punto de vista financiero". Y ahí se enciende una luz roja muy clara y el conflicto de intereses es evidente, porque las "empresas sólidas que emiten títulos de buena calidad" no son muchas en el mercado. BlackRock está sin duda a la cabeza. La firma, contratada por la Fed, optará por tanto por comprar productos en un mercado en el que ella misma es líder.

Al ver las críticas, Larry se apresuró a comunicar que su división Financial Markets Advisory, encargada de estos programas, estaba "estrictamente separada de sus otras actividades... precisamente para evitar cualquier conflicto de intereses". Y Larry precisó que confía en su "plataforma Aladdin para monitorear estas carteras". Algo así como: "Es una IA, es autónoma, elegirá a los mejores del grupo, si nos toca a nosotros es porque somos los mejores..."

Bueno, veamos.

Con Larry no hubo problema. Nadie, ni en la Reserva Federal, ni en los bancos, ni en el *FT*, ni en *Les Échos*, criticó este argumento. Cayó como una carta en el correo.

Es la historia de un gran huerto dividido en parcelas gestionado por un ex banquero. Cada parcela tiene un agricultor al frente. Uno de ellos decide atiborrar sus verduras y frutas de OGM para resistir la lluvia, el frío, el calor, los insectos. El huerto vive de sus propias ventas en los mercados de los alrededores. Los pájaros nunca visitan su parcela, pero a él no le importa. Su rendimiento y crecimiento son óptimos. Todo va bien hasta una primera invasión de insectos. Sólo las verduras del agricultor de OGM resisten. El banquero le pide consejo y le pide que ayude a los demás agricultores dándoles algunos productos dopantes. El tipo lo hace y funciona. Con el dinero recaudado, no compra otros huertos, sino que vende productos dopantes a sus vecinos. Luego llega el calentamiento global y la sequía. Sus verduras, que tienen todas el mismo sabor soso, son las únicas que crecen. Sin embargo, todo el mundo las quiere. Los agricultores se ven obligados a hacer cola, y las parcelas se llenan de estas frutas y verduras infladas con OGM. El banquero respira. Gracias al agricultor transgénico, su huerto está salvado.

Aquí estamos, con Larry y sus ETFs cargados de hormonas, y el jefe de la Fed como banquero que gestiona un huerto. Es una versión un poco suave de la historia que contó el multimillonario Carl Icahn en el programa de televisión, asegurándonos que Larry, acompañado por el jefe de la Fed, nos iban a tirar al fondo del barranco conduciendo un autobús de lado sin frenos. Mi metáfora puede parecer menos radical que la de Icahn, pero me gustaría continuarla. Algunos de los clientes de los agricultores se darán cuenta inevitablemente de la mala calidad de las verduras y de la falta de sabor y diversidad de sus productos. Algunos agricultores comenzarán con cultivos menos intensivos pero más adaptados a la situación. Microcultivos que poco a poco mordisquearán y revitalizarán el huerto y el mercado. Los pájaros volverán a cantar en estas parcelas. Inteligente, rico e informado como es, pero sobre todo preocupado por ver caer sus ventas, Larry inevitablemente irá a respirar su aire y a engatusar a estos nuevos agricultores, con los bolsillos llenos de dinero: "Entonces, ¿a cuánto venden sus tomates? ¿Y su huerto?".

En finanzas, como en agricultura, la cuestión es si todo se puede comprar... Larry cree que sí.

Capítulo 25

BlackRock es un monstruo proteico, atravesado por mil corrientes, que lanza sus tentáculos por todo el planeta, alimentándose del trabajo de los hombres. Su cerebro es una IA llamada Aladino. Su piloto es un viejo vaquero cuyo exterior afable esconde la ansiedad de hacer el mal. El más mínimo error se pagaría en efectivo. El motor y el combustible –la sangre– de este monstruo es nuestro dinero. Nos lo quita, lo invierte, obtiene márgenes y nos lo devuelve con, si es posible, una ligera plusvalía. Para sobrevivir, BlackRock debe desarrollarnos y bombearnos una y otra vez. Esa es su razón de ser. El trabajo de Larry es hacernos olvidar esto.

El capital principal de BlackRock es su imagen, su reputación, su identidad corporativa. Lo que tengo en mente sigue siendo confuso. Quiero abordar la cuestión de los bancos centrales. No entenderemos nada de la influencia de BlackRock si no integramos a este gigante en el sistema bancario y sus disfunciones. Ya sé, el tema es aburrido, pero bueno. Un esfuerzo más. Tengo unas cuantas balas más que disparar...

En vista del estado de los mercados financieros, de los bancos centrales en estado de shock y de las finanzas de los Estados en crisis, BlackRock quiere invertir el dinero de las jubilaciones europeas y francesas en sus circuitos en el peor momento posible. Si comparamos la evolución del CAC 40 con la del crecimiento francés desde 1988, podemos ver sin lugar a dudas que, a largo plazo, el CAC siempre está por encima del crecimiento francés. Esto significa que las empresas capturan más riqueza de la que crean para el país. Inevitablemente, toman esta riqueza de los empleados y jubilados.

Invertir en bolsa con la esperanza de obtener ganancias a largo plazo se basa en la esperanza de que el capital seguirá captando cada vez más riqueza procedente de los salarios y las pensiones. Esto equivale a cortar la rama en la que está sentado un empleado o un jubilado. Es lógico, ¿no?

BlackRock y los bancos presionan a los gobiernos para que fomenten el ahorro en seguros de vida y dirijan una parte de las contribuciones a la jubilación a los mercados financieros. Pero los mercados se han vuelto muy inestables. Son nuestros dinosaurios. La etapa posterior al "demasiado grande para quebrar" es la del "demasiado grande para sobrevivir". Los mercados se han vuelto enormes, vaporosos y alejados de la economía real. En Estados Unidos, las empresas se ven obligadas a menudo a redistribuir más del 100% de sus beneficios entre sus accionistas. Esto impide la inversión, la innovación y el crecimiento salarial que necesita una economía sana. Francia sigue el mismo camino. Los mercados están destruyendo la economía prometiendo cada vez más crecimiento económico. La contradicción se ha vuelto irreconciliable.

"Para mí, es como si BlackRock hubiera querido meter la mano en el bote de miel. Sólo que ya está vacío y, una vez que lo metamos, no sólo nos daremos cuenta del engaño, sino que ¿quién cree usted que será acusado de haberlo vaciado?", se pregunta el analista Guy de la Fortelle.

En sus negocios originales, BlackRock ha ocupado un lugar destacado. Su posición, que a menudo se acerca al 40% de los volúmenes, se acerca a la de un monopolio. Sobre todo porque su principal competidor y mayor accionista, Vanguard, también tiene un peso significativo.

La perspectiva, si Larry continúa desarrollando su rama de inversiones, es enfrentarse a leyes antimonopolio, que son muy coercitivas en los EE.UU. A esto se suma el riesgo de una mayor competencia debido al fenomenal éxito de BlackRock. Y una competencia que se está volviendo agotadora, ya que BlackRock trabaja con comisiones de entre el 0,1% y el 1%. Este es el riesgo de todos los negocios de gran volumen, cuyos procedimientos están automatizados.

Larry tendrá que cambiar su modelo si quiere seguir obteniendo beneficios. Empezó con el petróleo mexicano y su alianza con Carlos Slim en torno a Pemex. Larry invierte en petróleo, oleoductos, refinerías ... También invierte, o al menos anuncia que lo hace, en energía verde. Hemos oído hablar de su creciente interés por las inversiones etiquetadas como "cambio climático". Se trata de cambiar el terreno de juego minimizando los riesgos. Siempre la misma obsesión.

Larry parece querer invertir en concesiones soberanas de infraestructuras pesadas que involucran países y política: petróleo, gas, energía, construcción de presas, autopistas, trenes de alta velocidad, centrales nucleares, zonas portuarias, reconstrucción de un país después de una tragedia...

Teniendo en cuenta su tamaño, las inversiones de BlackRock se vuelven rápidamente desproporcionadas: nada menos que mil millones, pero pueden ascender rápidamente a 10, 50 o incluso 100 mil millones. Esto parece lógico cuando se tienen 7,5 billones en activos. Para realizar estas inversiones, Larry debe pensar, consultar, negociar, sopesar y tener una visión estratégica clara. El derecho a cometer errores no está permitido, a menos que se quiera arrastrar consigo a las economías y a los países. Este tipo de proyectos se descarrilan fácilmente si no se controlan. Recordemos el desplome de las acciones de Eurotunnel. Empezamos con una cotización de 5 mil millones y llegamos rápidamente a 30. Y los EPR. Y las presas en la Amazonia...

No se permite el derecho a equivocarse porque si las inversiones –a largo plazo– no son rentables, las pérdidas se vuelven estratosféricas.

Hasta ahora, la actividad principal de BlackRock consistía en garantizar una rentabilidad regular a sus clientes, que pagaban sus pensiones todos los meses. Se trata de un mecanismo de relojería. En este contexto, BlackRock puede perder, pero no demasiado y, sobre todo, no durante mucho tiempo.

Para inversiones tan importantes, hay que ser capaz de absorber pérdidas importantes durante largos periodos sin pestañear. Cuando, a menor escala, Vincent Bolloré invierte en baterías eléctricas, puede soportar quince años de déficit antes de ganar dinero.

Los rumores en la prensa financiera sugieren que BlackRock podría abandonar sus inversiones en armamento o carbón (no petróleo todavía) para dedicarse a la ecología y la lucha contra el calentamiento global. Pero ¿qué pasaría si estallase una guerra con Irán? BlackRock perdería en ambos frentes: el armamento volvería a despegar y la ecología se desplomaría.

Esto demuestra la importancia de estas decisiones estratégicas. En las multinacionales, los consejos de administración suelen sopesar y repensar las decisiones. En BlackRock, SuperLarry está al mando. Es Hulk y Magneto a la vez: músculos y brazos enormes que lanzan fuego y un cerebro que calcula constantemente. Todo pasa por él. ¿Es competente para elegir un mercado XXL? No lo sé. Lo hemos visto perder cantidades disparatadas de dinero en el sector inmobiliario. Esto no es nada tranquilizador.

Las pérdidas podrían, en caso de un terremoto geopolítico inesperado, ser abismales y acabar con BlackRock, que tiene poco capital.

Larry Fink construyó BlackRock sobre la base de un mecanismo que deja poco espacio para la duda y la creatividad. En este sentido, Aladdin no posee, contrariamente a lo que afirma el grupo, cualidades prospectivas a largo plazo. En cualquier caso, éstas nunca se han demostrado.

Larry y su departamento de desarrollo buscan espacios que ocupar, infraestructuras que comprar en países emergentes o post-emergentes que no sean demasiado inestables: México, India, Pakistán, Turquía, etc. Ya no le queda otra opción. La inacción lo mataría.

Francia, desde que Emmanuel Macron llegó al poder, es una buena candidata. No sólo para captar pensiones. El Covid ha paralizado proyectos de privatización como el de ADP, pero otros están en estudio. Lo vimos con la desastrosa privatización de las autopistas: un país liberal es capaz de venderlo todo para traer divisas y alimentar a sus niños de oro.

Se rumorea que Francia va a vender varias de sus presas, es decir, cerca del 10% de la electricidad del país. Un regreso aparentemente seguro y tranquilo, salvo que dos presas están en mal estado. Por lo tanto, sería necesario vender un grupo de presas. Este tipo de proyecto se inscribe en la perspectiva de un gobierno de terratenientes. Una filtración del Elíseo nos informó de que esta cuestión se había planteado durante conversaciones discretas entre Larry, Jean-François Cirelli, su mano derecha en Francia, y el entorno de Emmanuel Macron.

Imaginemos un problema grave en estas presas privatizadas, un terremoto, un derrumbe. ¿Qué hará BlackRock? ¿Y el Estado? Estamos en el caso de Fukushima o, más cerca de nosotros, en el del puente derrumbado en Génova.

Larry está atento, con la chequera en la mano. Ya ha duplicado sus inversiones en Francia. Es el mayor accionista del CAC 40. Está nervioso. "Oye, Manu, ¿a cuánto me vendes tus malditas presas?"

Capítulo 26

En diez años de expansión ultrarrápida, BlackRock se ha convertido en el gestor de una parte importante de los ahorros de la población estadounidense. Impulsada y guiada por Larry Fink, impulsada por Aladdin y el comercio de ETF, la firma está atacando al planeta con viajes en jet, sonrisas mecánicas, comunicación personalizada, promesas y amenazas apenas veladas contra quienes se oponen a ella. BlackRock contrata a políticos locales y altos funcionarios para lograr sus fines.

Sabe dónde está el oro que garantiza la creación de dinero, y Francia no tiene escasez de él. Somos la cuarta reserva más importante del planeta, incluso si el nivel baja. Los bancos centrales de los países y el BCE tienen la misión de crear y regular el dinero. Decimos "imprimir dinero" o "acuñar dinero", como en la Edad Media . Las naciones se construyen sobre su moneda.

Después de la guerra, los bancos centrales tenían un estatus sólido, majestuoso e importante. Eran los pilares de las naciones. Antes, era el hormigón armado. Era el Estado. Era De Gaulle, Mitterrand o Clemenceau. Hoy, son Macron, Hollande y Sarkozy. Un momento de relajación. Nicolas Sarkozy vendió el 20% de nuestro oro en 2004. Una mala elección. Pero bueno, tenemos los funcionarios electos que nos merecemos.

Así pues, los bancos centrales deben pagar las deudas de los países y cuidar lo mejor posible los ahorros de las poblaciones. En Estados Unidos, Larry, debido a los vínculos que se han vuelto endémicos entre la Reserva Federal y BlackRock, tiene una mesa abierta en el Tesoro. Los ejemplos de transición de lo privado a lo público en Estados Unidos son innumerables.

El fichaje más destacado de BlackRock fue el del ex vicepresidente de la Reserva Federal Stanley Fischer en febrero de 2019. Un año después de dejar su puesto como número dos de la Reserva Federal, el viejo banquero (75 años), conservador y reaccionario, se unió a BlackRock para convertirse en asesor senior del BlackRock Research Institute. "Su experiencia y conocimientos ayudarán a nuestros inversores y clientes a comprender el impacto de los acontecimientos globales en sus carteras", dijo Larry con alegría en el momento de su nombramiento.

BlackRock y la Reserva Federal: entre la espada y la pared.

"No es la primera vez que un banquero central se incorpora a una institución financiera privada", informa *Les Échos* , citando el caso de Ben Bernanke, quien, tras presidir la Fed, fue contratado por el gigante Pimco (para Pacific Investment Management Company, el fondo de bonos propiedad desde 2000 de la aseguradora alemana Allianz).

En Europa, la tendencia es la misma. En 2015, el año en que Bernanke fue contratado, Pimco contrató también al ex primer ministro británico Gordon Brown y a Jean-Claude Trichet, ex gobernador del Banco de Francia y presidente del BCE. El mismo que siempre se ha mostrado muy positivo en cuanto a la apertura de los mercados europeos a los fondos estadounidenses. No olvidemos que Philipp Hildebrand, ex director del Banco Nacional Suizo, despedido a causa de un caso de tráfico de información privilegiada, es vicepresidente de BlackRock, responsable precisamente del desarrollo (casi escribo invasión) de BlackRock en Europa. La cuestión prioritaria para BlackRock es llegar a los ahorros y pensiones de los europeos, después de haber metido en su bolsillo los de los trabajadores estadounidenses.

En última instancia, es el dinero ganado por el trabajo de las poblaciones lo que garantiza la solidez de la moneda de un país y el valor de su deuda.

BlackRock nunca irá a África...

En cuanto a los bancos centrales, la situación ha empeorado con la crisis del Covid.

Los detentadores del poder financiero siguen siendo los grandes bancos estadounidenses (no olvidemos nunca que la Reserva Federal les pertenece). Controlan el mercado mundial del crédito a través del dólar. Los bancos centrales ya no son los dueños del juego. Dan la impresión de perseguir los acontecimientos y vivir a costa de BlackRock y sus semejantes. Si Ben Bernanke o Alan Greenspan, en la Reserva Federal, o incluso Mario Draghi, cuando estaba al frente del BCE, pudieron crear una ilusión y resistir un poco, ¿cómo podemos imaginar que Christine Lagarde, ahora al frente del BCE, o Jerome Powell, el insípido abogado designado por Trump en la Reserva Federal, puedan oponerse a los dictados de los fondos estadounidenses y ser los verdaderos dadores de órdenes?

Más allá de BlackRock, el futuro y las estrategias de los bancos centrales son un tema de preocupación ampliamente ignorado por los medios de comunicación.

Lo sé, es complicado. Llevo desde que empecé en este trabajo dando con este muro y estas preguntas. Puede que me equivoque o que parezca un chiflado, pero desde que navego por estas turbias aguas de las finanzas tengo la sensación de que poca gente es consciente de lo que está pasando. No se trata de una conspiración ni de un crack, sino de una deriva improbable, de la que BlackRock es el último símbolo catastrófico. Y Larry Fink, la figura malvada. El Magneto de los X-Men...

Tomemos el caso de Francia y Europa. El euro es una moneda común, no una moneda única. Cada país es responsable de sus euros y de sus cambios. Target se encarga de compensar. Alemania sigue teniendo un balance claramente positivo; Italia y España están a la zaga; Francia navega a ciegas...

Para financiar sus políticas públicas o hacer frente a la crisis del Covid-19, los Estados recurren principalmente a los préstamos en forma de obligaciones. Los tipos de interés de estos préstamos dependen de la calificación que les otorgan las agencias de calificación. Los bancos centrales de la eurozona están integrados en el BCE y pueden recurrir al MEDE (Mecanismo Europeo de Estabilidad) desde 2012. La soberanía monetaria, en virtud de los tratados europeos, ha desaparecido. Ningún gobierno puede actuar como quiera, ni siquiera con el apoyo masivo de su población: su economía se decide en Bruselas y Frankfurt.

Lo que vimos en 2008, y de forma aún más flagrante en 2020, con la crisis del Covid, muestra un cambio histórico en las condiciones de financiación de los Estados. Antes de la crisis bancaria de 2008, los mercados estaban abiertos y los bancos centrales desempeñaban el papel de actores locales y moderadores.

Esto significaba que si un actor, incluso a escala nacional, cometía un error, podía tener a todo el planeta en su contra. Es lo que ocurrió en 1992, cuando el multimillonario George Soros especuló contra el Banco de Inglaterra.

El sistema está integrado casi al 100%, todo está regulado por un puñado de bancos centrales, que están interconectados y hacen, más o menos, lo que quieren. Es una situación nueva que pocos conocen. Hoy en día, el BCE, la Fed, el Banco de Francia, el Banco de Japón, el Banco de Inglaterra, el Banco Nacional Suizo y los demás bancos nacionales se comunican a diario y regulan todo por encima de los estados, en el seno del BIS, el Banco de Pagos Internacionales. Sus características le permiten funcionar como un microestado, un principado que escapa al régimen jurídico habitual de cualquier institución financiera nacional...

Todos, empezando por la gente más pequeña, estamos atrapados en y por este sistema.

¿Y BlackRock en esta vorágine? Larry tiene espías por todas partes, que aconsejan sobre recompras de deuda o de créditos y cuentan los puntos. Francia se ha convertido en un coto de caza privilegiado. En este juego entre bastidores, del que rara vez nos informan, el Banco de Francia (bajo la égida del BCE) no juega colectivamente, sino especulativamente, como explica el economista y fundador de Attac, Dominique Plihon, al sitio web Bastamag: "El reto es renacionalizar la deuda, como en Japón, donde la mayor parte de la deuda está en manos de sus nacionales. Por el contrario, en Francia, nuestra deuda está en manos de inversores internacionales, como BlackRock, que la convierten en objeto de especulación. Lo que importa es reducir el poder de las finanzas sobre los Estados. Por eso no queremos emitir títulos que, mañana, darían a los financieros las armas para imponer políticas de austeridad, sobre todo en Europa". En principio, un tratado en Europa prohíbe a los Estados tener un déficit superior al 3%: es la ley fundamental de la UE. En la práctica, cada uno hace lo que quiere. Todo se negocia, pero entre ellos, entre personas decentes. ¿Qué puede significar un sistema económico cuya ley fundamental, aplicable a todos, es en realidad renegociada constantemente por unos pocos, en las trastiendas de la UE? Si ya no hay reglas en la cima del sistema, ¿por qué deberían ser imperativas en la base? Los bancos centrales, incluido el BCE, tienen prohibido comprar deuda pública, que sólo los mercados deben comprar. Esta regla permite distribuir los riesgos asociados a esas deudas en una zona muy amplia, de un extremo al otro del planeta. En la práctica, a través de bancos privados seleccionados –los llamados SVT, Treasury Securities Specialists– el BCE compra todas las deudas públicas. Lo cual está prohibido. Pero el BCE elude la responsabilidad explicando que compra esas deudas a los bancos seleccionados, que, de paso, se atiborran.

Se atiborraron.

Se atiborraron demasiado.

Te lo advertí. Estoy en problemas.

Incluso tengo que releerme a mí mismo para entender lo que estoy escribiendo...

El BCE no dice nunca que estas recompras a los bancos se producen apenas treinta segundos después de que estos últimos hayan comprado las deudas de los Estados y las hayan repercutido en su totalidad apoderándose de sus márgenes sobre volúmenes gigantescos de deuda. Ni que BlackRock, que no es un banco, se beneficia de ellas... El resultado de las operaciones: nos permitimos hacer cualquier cosa, en cualquier caso, sólo tenemos que ponernos de acuerdo entre nosotros. Y las deudas públicas explotan. Pero, ¿qué es la deuda pública? En definitiva, un impuesto diferido, que los contribuyentes simplemente tendrán que pagar más tarde.

O no.

Capítulo 27

Entre París, Berlín, Madrid, Roma y Frankfurt, unos cuantos cientos de personas se juegan nuestro futuro sin informarnos ni advertirnos de quiénes son y qué hacen. Sonríamos... cuando llegue la factura, vendrán las mismas personas y nos explicarán que somos nosotros quienes tenemos que pagarla.

Dieciocho bancos han sido acreditados o "cooptados" por la Reserva Federal, el BCE y los bancos centrales para comprar nuestra deuda pública. En otras palabras, se han autoseleccionado. Cinco bancos estadounidenses (Citigroup, Bank of America, Merrill Lynch, Morgan Stanley, JPMorgan Chase, Goldman Sachs), cuatro franceses (BNP Paribas, Société Générale, Natixis, Crédit Agricole), tres ingleses (Barclays, HSBC, Royal Bank of Scotland), dos alemanes (Commerzbank y Deutsche Bank), uno suizo (UBS), uno canadiense (Scotiabank), uno japonés (Nomura) y uno español (Santander) se repartieron el pastel.

Lo mejor. Utilizo el pretérito imperfecto porque, si bien fue selectivo y rentable formar parte de este club, 2020 fue un *annus horribilis* para el sector. Un punto de inflexión en el que varios bancos decidieron abandonar el club. Crédit Agricole y Santander abandonaron el barco. Otros podrían seguir su ejemplo. Se invocó la falta de rentabilidad...

Los bancos centrales, incluido el BCE, tienen prohibido intervenir directamente en los mercados. En la práctica, desde la crisis de 2008, han venido fijando y manteniendo los precios. Sin ellos, los mercados se desplomarían. Como resultado, los tipos de interés cero se están convirtiendo en la norma.

Siento que estoy arruinando mi historia que empezó bien, pero sé más o menos a dónde quiero ir... a China y Rusia...

Todo parece, pues, encerrado en el planeta financiero, pero en el lado oscuro de las cosas. Lejos del mundo real. Nunca a la luz de la economía. Los Estados tienen ahora dinero gratis. Por ejemplo, Italia y España recibirán, debido a la crisis generada por la pandemia de COVID, 108.000 millones para la primera y 97.000 millones para el segundo. Cada uno podrá (entre otras cosas) reembolsar la corrupción endémica de su economía, pagar las facturas de la Cosa Nostra y las estupideces de Juan Carlos... Lo sé, estoy siendo mezquina e injusta. ¿Y Francia? Con sus 40.000 millones, pagará (en parte) los camiones de dinero público gastados en Areva para (entre otras cosas) Uramin...

Todo esto puede suceder porque el sistema está bloqueado y potenciado por los bancos centrales y por los mercados, que siempre están dispuestos a ganar dinero sin demasiado riesgo ni esfuerzo. Si el sistema financiero no estuviera tan bloqueado y no funcionara en un circuito cerrado, este dinero gratis, la moneda, los balances de los bancos centrales y todos los mercados caerían en la ruina. Como en *La guerra de las galaxias*, cuando Darth Vader juega con un sable láser. El bloqueo es la *condición sine qua non* de los mercados financieros actuales.

En el pasado, el mundo era más abierto, competitivo y, por lo tanto, relativamente regulado por la realidad. Aquí no.

Sin embargo, la garantía de este confinamiento sigue siendo el ahorro de la población, es decir, el trabajo del que es fruto. Es la máxima garantía del sistema. Esto es lo que BlackRock quiere conseguir y lo que hay que evitar a toda costa.

Se ha puesto en marcha un movimiento pernicioso. Cuando el mecanismo de arbitraje y de rescate de los Estados empieza a funcionar, el país se siente mejor. Es exactamente como una inyección de heroína. Es complicado detener esta afluencia de dinero... a menos que decretemos con autoridad lo que hay que financiar: Renault, Air France o las start-ups, por ejemplo. Y lo que no hay que financiar: el paro de los trabajadores intermitentes, las peluquerías, los carpinteros artesanos... Aquí vemos que las opciones se vuelven políticas... y que el storytelling tiene su lugar... nos adormece, nos hace aceptar decisiones que no tienen una base real, que conducen a catástrofes sociales y climáticas...

¿Y al final qué? Y si seguimos hasta el final esta lógica financiera, ¿a dónde nos lleva? Básicamente, nadie trabaja ni se paga a sí mismo. Ése es el resultado final. El sistema se está volviendo cada vez más oligárquico. Es una realidad muy objetiva.

¿Y para el pueblo? Seamos breves y concisos: el Estado decreta "¡Paz, juego y silencio!". O una variante: "Policía, fútbol y BFM". Pues bien, en la historia se ha injertado un virus que complica la ecuación. A la lista podemos añadir fácilmente una mascarilla y una pandemia.

Una parte importante de los que están al mando de este sistema a la deriva están convencidos de que son demócratas, que actúan por el bien común o que hacen lo mejor que pueden en función de la situación. Ese es el discurso que prevalece, pero no se dan cuenta de que actúan en el marco de un sistema cada vez más totalitario. Lo que digan o piensen los comisarios europeos, los ministros y viceministros de Economía o de Presupuesto, o el presidente del BCE, en última instancia tiene poca importancia. El sistema ha tomado el control y ellos se han convertido en espectadores con poco margen de maniobra, marionetas de una obra que se está representando en otro lugar.

Como no soy un teórico de la conspiración, no puedo decir dónde y quién mueve los hilos. Sólo sé que debe haber dominantes, dominados y cuerpos intermediarios que sean cómplices de los dominantes para que el espectáculo continúe. No hay lugares específicos ni asambleas donde se tomen decisiones en un momento dado. La obra se desarrolla lentamente, en muchos escenarios. Existen algunos poderes contrapuestos.

Pero volvamos a este dinero gratuito que los bancos centrales han repartido. Hay que pensar en su destino. Lógicamente, acabará invertido en activos controlados y controlables, mercados en los que la negociación de alta frecuencia permite controlar más o menos las pérdidas y las evasiones (BlackRock, Vanguard, etc.) o en el sector inmobiliario, donde los precios son estables o incluso están en alza.

Se están produciendo enormes burbujas financieras que continuarán en el tiempo. Con las consecuencias: cada vez más presión de los mercados sobre las empresas (debemos ofrecer beneficios a los accionistas), inmuebles sobrevalorados y empleados bajo presión. Planes de despido. Trabajo para los directores de recursos humanos y los propietarios de los barrios marginales.

El resultado es fácil de imaginar: el empobrecimiento discreto, exponencial y masivo de un país entero. ¿Quiénes ganan? Los intermediarios bancarios y los que tienen capital. Serán los primeros en beneficiarse de los créditos: "Sólo prestamos a los ricos", es bien conocida la canción.

¿Quién pierde? Todos los demás. La población entera de un país. Digamos que el 90%, en comparación con el 10% de Francia. Y repito, estoy siendo generoso con esta estadística.

Me desvío un poco, pero es para volver mejor...

China y Rusia tienen otras perspectivas: sus monedas son cada vez más fuertes, están almacenando oro, nos están alcanzando por este lado. Tienen poca deuda en comparación con nosotros. Parecen pensar y hacer saber que el juego llegará a su fin, que la clave para desbloquear el sistema podría ser la caída del dólar. Se llevaría consigo las frágiles monedas, apoyadas por sus bancos centrales plagados de deuda y activos comprados en los mercados a cualquier precio. No estoy seguro de que el euro resista.

BlackRock ha estudiado este escenario y está invirtiendo masivamente en Asia. La firma acaba de crear una empresa conjunta con un fondo chino (por primera vez), lo que le abre importantes perspectivas y le permite escapar de las restricciones de la administración Trump. Para los chinos, se trata de un buen desaire que el actual inquilino de la Casa Blanca debe valorar moderadamente.

Estados Unidos está gestionado como un fondo de cobertura. La deuda global ha superado con creces el PIB, con una relación de 1 a 3, que se superó desde la pandemia de COVID-19. Entre 60 y 100 millones de personas están desempleadas o dependen de los cupones de alimentos. La esperanza de vida está disminuyendo y casi el 1% de la población estadounidense está en prisión. Por otro lado, alrededor del 15% de la población vive bien. En un país como Estados Unidos, la deuda privada es esencial. El 50% de los estadounidenses tienen 1.000 dólares en sus cuentas y no tienen ahorros. Sin crédito renovable, el país no puede funcionar y los estadounidenses no pueden vivir ni consumir.

Solo en lo que respecta a los préstamos para estudiantes, casi 50 millones de estadounidenses siguen atrapados en este sistema. Y estamos hablando de 150 millones de personas endeudadas. La cifra no hace más que aumentar.

Esto es una locura. Estados Unidos se parece cada vez más al *acorazado Potemkin* . El equilibrio se ha vuelto muy inestable.

Europa está perdida, buscándose a sí misma y dividiéndose. China, Rusia e India se están esforzando. Los enfrentamientos que Estados Unidos libra contra China y sus tecnologías tienen el aspecto de una desesperada guerra de guerrillas. Las amenazas de Donald Trump contra el gigante chino de las telecomunicaciones Huawei son patéticas en este sentido.

Esta sumisión de los bancos centrales a los mercados financieros, a los bancos sistémicos y a los gestores de activos pesa sobre nuestro presente, pero sobre todo oscurece el futuro. Los avances son demasiado lentos y se miden en generaciones. El riesgo de quedarnos estancados se hace concebible. Si lo permitimos, podríamos acabar con esta generación (la mía, digamos la de los baby boomers) sin dinero y aniquilada. Varias generaciones tendrán que vivir en este atolladero, con daños sociales excepcionales que ya se están haciendo evidentes al comienzo del curso escolar 2020.

El Banco de Francia juega con nuestro futuro. Estamos atrapados. En 1940, protegía el oro y el país con diez años de antelación. Ya no es así. Más allá de los casos de corrupción, a pesar de los créditos concedidos a las empresas y de las ayudas de Pôle emploi, el Estado parece lento. Se está volviendo a la vez titánico e impotente, en una decadencia que ahora es visible. Las visitas de BlackRockers u otros fondos de pensiones estadounidenses que desfilan por el Elíseo durante reuniones más o menos oficiales –sobre todo la primera en la que vimos a su presidente– recuerdan a las que hizo el FMI en Argentina hace unos años... y aquí estamos.

¿Y qué? Voy a decir una locura. Tal vez sería prudente abandonar el euro de forma lenta y discreta. Lo considero una respuesta extrema, pero el euro ha fracasado. Fue diseñado para hacer frente a la globalización. Tenía que ser un escaparate para la economía alemana y, al mismo tiempo, un poderoso instrumento monetario para Europa en competencia con el dólar. Ha fracasado miserablemente. Ni el Banco Central ni el euro encuentran soluciones. Es un fracaso importante. Podemos medirlo fácilmente con el balance del BCE, que pasó de 2 a 6 billones de euros entre 2008 y 2020. Este dato por sí solo es espantoso. Y si asumimos unos cuantos miles de millones más (600 para Francia, por ejemplo), llegaremos a sumas que están totalmente fuera de sintonía con la realidad económica.

China se convertirá en el amo del mundo en 2030. Rusia está avanzando con sus peones, y no creo que Europa salga de esto... a menos que los alemanes digan "Alto, volvamos al marco alemán", los franceses recuerden el dicho "Queremos recuperar nuestra vida", y finalmente, tengamos soluciones más radicales para cambiar el presente y el futuro.

Capítulo 28

El verdadero banco central debería ser el pueblo. Son ellos quienes trabajan, producen valor y generan dinero para almacenar, gastar o invertir, lo que nos permite reformular nuestros intercambios y nuestro estado profundo en moneda y deuda. Un banco central debería ser un servicio a su país y a sus ciudadanos, no una hidra fuera de control que depende de BlackRock para supuestamente salvar la economía de una nación, mientras estos fondos todopoderosos solo la exprimen hasta dejarla seca.

Los bancos centrales no pueden colapsar, especialmente hoy en día, cuando están tan interconectados. Pueden crear dinero según sea necesario. Esta inflación monetaria solo tiene sentido si la economía funciona y produce valor, crecimiento y empleo. De lo contrario, ¿para qué trabajar? El dinero es gratis... El dinero gratis mata la economía y crea enormes burbujas en los mercados inmobiliarios y financieros.

Me voy. Continúo. La calidad de una moneda reside en la fuerza y la armonía de su economía. Y ahora mismo estamos en rojo brillante, justo antes del gris y luego del negro intenso. El desempleo aumenta y en casi todas partes alcanza el 20% de la población activa, si eliminamos la formación, las prácticas falsas y las estadísticas erróneas...

Antes de la crisis del COVID, teníamos 75 billones de dólares de PIB mundial (el efectivo neto disponible para pagar todo, invertir, almacenar) por 225 billones de dólares de deuda mundial. La relación entre la deuda mundial y el PIB era de 3:1, lo que significa que había tres veces más deudas que dinero entrante (aquí, contamos las deudas de los individuos y las empresas además de las deudas públicas). Encontramos esta relación en muchos países. Desde el COVID, la brecha se ha ampliado aún más. En Francia, nuestra deuda mundial es aproximadamente 2,5 veces mayor que nuestro PIB. Si solo consideramos las deudas públicas, la relación es de aproximadamente 1,2 (las deudas públicas representan el 120% del PIB). Estos datos son estimaciones y describen una tendencia en un mundo que explora territorios desconocidos y áreas de deuda nunca antes vistas. Claramente estamos viviendo por encima de nuestras posibilidades, lo que no sería grave si la rueda pudiera girar eternamente.

estás ahí todavía

En 1996, me encontré por casualidad con Viviane Forrester en un debate o en un plató de televisión. Acababa de escribir *El horror económico* (Fayard) mientras yo publicaba mi primer ensayo. Mi libro explicaba mi ruptura con el periodismo en Libération y mi visión de una Francia corrupta, bajo la influencia de las multinacionales. El suyo era un grito, inicialmente el grito de una madre que había visto a su hijo suicidarse y quería advertir al mundo de que se cuidara del horror liberal que se avecinaba. Formábamos un buen dúo. Ella era una burguesa, una mujer de letras. Yo era una joven periodista que dimitió. Ella dejó este mundo en 2013. Yo sigo aquí. Había encontrado las palabras adecuadas y su libro tendría éxito en una veintena de países. El horror económico estaba en todas partes: en Occidente, en Alemania, en Estados Unidos, en Japón, en Italia, en España. Volví a encontrarme con el libro de Viviane en mi biblioteca.

Esto es lo que dice su contraportada: "Vivimos en un engaño magistral, un mundo desaparecido que las políticas artificiales pretenden perpetuar. Nuestros conceptos de trabajo y, por tanto, de desempleo, en torno a los cuales se juega (o pretende jugarse) la política, ya no tienen ninguna sustancia: millones de vidas son devastadas, destinos destruidos por este anacronismo. La impostura general sigue imponiendo los sistemas de una sociedad caduca para que pase desapercibida una nueva forma de civilización que ya está surgiendo, donde sólo un porcentaje muy pequeño de la población de la Tierra encontrará funciones. La extinción del trabajo pasa por un simple eclipse mientras que, por primera vez en la historia, todos los seres humanos son cada vez menos necesarios para el pequeño número que da forma a la economía y detenta el poder. Descubrimos que más allá de la explotación de los hombres, hubo algo peor, y que, ante el hecho de ya no ser siquiera explotables, la multitud de hombres considerados superfluos puede temblar, y cada hombre de esta multitud. ¿De la explotación a la exclusión, de la exclusión a la eliminación...?"

Han pasado veinticuatro años y la respuesta a la inquietante pregunta de Viviane Forrester es sí. Hemos pasado a la eliminación. A la matanza social y física. Todos los seres humanos son, evidentemente, cada vez menos necesarios para el pequeño número de seres humanos que configuran la economía y detentan el poder: los ejércitos, la policía, el sistema bancario, las fronteras, los medios de comunicación.

Pensándolo bien, el mundo funciona como una gran operación de adquisición apalancada. Créditos enfermizos. Los más ricos siempre ganarán y la brecha se ampliará cada vez más, sin que seamos capaces de reaccionar realmente o de detener la tendencia desbocada.

La próxima crisis financiera probablemente hará que el sistema se resquebraje y los mercados bursátiles se desplomen. En Davos este año, los magnates que nos gobiernan han planeado una salida si se cumple el peor escenario posible. Lo llamaron el "gran reinicio". Al principio pensé que era una broma, pero no. Descúbralo. Es un reinicio de los contadores (bancarios), imaginado por los pensadores de Davos...

Para nosotros es cero, para ellos no tanto.

Leyendo estos artículos, incluso en la prensa financiera, se ve claramente que la resistencia del sistema a una gran crisis sería casi nula. Todo puede derrumbarse rápidamente. La crisis de las hipotecas de alto riesgo permitió medir la fragilidad del sistema. Lo que ocurrió en 2008 podría volver a ocurrir, multiplicado por diez.

En 2008, los Estados prestaron dinero a los bancos, pero no recibieron nada a cambio. En Francia, por ejemplo, no se nacionalizó ningún banco, y Nicolas Sarkozy entregó 360.000 millones de euros para salvar el sistema bancario.

Hoy en día, las deudas han aumentado en todos los países, incluida Alemania.

En este contexto, BlackRock ha seguido captando ahorros de forma masiva. Los BlackRockers están, de hecho, a través de esta masa, siguiendo la estela de los bancos centrales y los poderes clave.

Es difícil predecir el futuro. Basta con objetar que la gestión es mala, el sistema está podrido, con enormes factores de fragilidad.

BlackRock es uno de ellos.

Hoy en día, pocas personas, incluso en la cima del Estado, son conscientes de las fragilidades del sistema.

Se necesitarían reformas políticas sistémicas para salir de esta situación.

Aquí se ve claramente que se enfrentan tres mundos: el de los nacionalistas, que quieren una retirada hacia los países cerrando las fronteras y arrojando a los emigrantes al mar o a los campos; el de los liberales, que sólo apuestan por el crecimiento y el mercado; y el de los ecologistas y el movimiento decrecentista. No hablo de la izquierda radical o blanda, ni de la derecha, ni del capitalismo o el anticapitalismo. Estos debates me aburren y se han vuelto estériles.

Durante el confinamiento, recuerdo las declaraciones del ministro de Economía, Bruno Le Maire, que aseguró que las empresas vinculadas a los paraísos fiscales ya no serían ayudadas por el Estado y que vigilaría y regularía (o incluso prohibiría) el pago de dividendos en tiempos de crisis y escasez. No se hizo nada ni se cumplió. Esas promesas no valieron ni un céntimo. AXA pagó 3.600 millones de euros a sus accionistas. BNP, 3.900 millones y Total, 1.800 millones. Durante el confinamiento, la gente sufrió, pero los negocios continuaron y las compañías de seguros, los bancos y los grupos petroleros repartieron dividendos reales a sus accionistas, como si el COVID fuera una broma. Y nosotros, daños colaterales.

Estas empresas, estas multinacionales, sus accionistas, los fondos de pensiones, los bancos de inversión y BlackRock nunca nos cederán su premio gordo. Son nuestros adversarios, nuestros enemigos. Serán ellos y sus compinches los que se opongan a nosotros.

A finales de abril de 2020, un editorial que pasó relativamente desapercibido planteó la cuestión de estas fracturas: "Liberemos a la sociedad para salir de la crisis", titulaba el periódico de derecha liberal de Arnaud Lagardère y ahora de Bernard Arnault. Lo firmaban unos sesenta universitarios, economistas, lobistas y personalidades de segunda fila como Gérard Longuet, Dominique Reynié y Virginie Calmels. Todos ellos señalaban el fracaso del Estado en la gestión de la epidemia y pedían menos impuestos, menos impuestos, la vuelta al crecimiento y el libre mercado. "No hay democracia sana sin libre mercado...", repetían. Me interesó este editorial porque contenía todos los clichés que se escuchan habitualmente en los televisores. Su objetivo no era ser leído por un gran número de personas, sino sentar las bases para el futuro. Lo bautizaron como República en marcha y la derecha liberal.

Nos explicó que ellos serían los globalizadores, los partidarios de un liberalismo aún más desenfrenado, los fabricantes de un mundo posterior, peor que el anterior. Lo opuesto a nosotros, que queremos frenar, repensar el crecimiento y el equilibrio del poder político.

Unas semanas antes, el filósofo y sociólogo Bruno Latour, en la página web de la AOC, había previsto este enfrentamiento y también había puesto las bases: "Desgraciadamente, esta pausa repentina del sistema de producción globalizado no sólo es vista por los ecologistas como una gran oportunidad para avanzar en su programa de aterrizaje. Los globalizadores, aquellos que desde mediados del siglo XX han inventado la idea de escapar de las limitaciones planetarias, también la ven como una gran oportunidad para romper aún más radicalmente con lo que queda de obstáculos para su evasión del mundo. La oportunidad es demasiado buena para que se deshagan del resto del Estado del bienestar, de la red de seguridad para los más pobres, de lo que queda de las regulaciones anticontaminación y, más cínicamente, de deshacerse de todos esos supervivientes que abarrotan el planeta".

Esta pregunta y esta confrontación se plantean en todas partes. La pandemia nos ha demostrado que todo se puede detener y repensar, aunque desde el fin del confinamiento la todopoderosa máquina de propaganda se haya puesto en marcha de nuevo. La situación se está volviendo tensa. Si en Francia Emmanuel Macron se presenta como el unificador de este inmenso mundo roto, no podrá repararlo. Se verá obligado a gestionar una crisis que no terminará con él.

Capítulo 29

No soy periodista financiero. Intento percibir las intenciones ocultas detrás de los mecanismos y las secuencias que se nos presentan. Me adentro en los misterios. La narrativa que presenta a los Estados Unidos como nuestro aliado inquebrantable o sugiere que la Bolsa de Valores impulsa la economía no me conviene. Tampoco me conviene la narrativa que pinta a Larry como un hombre sabio, un individuo generoso o un benedictino. De la misma manera, no veo a Burry ni a Bogle como jóvenes o viejos tontos. No tengo una visión ideológica o catastrófica de las personas o los acontecimientos. Pero sé que Larry es un tiburón. Su fuerza motriz es su codicia.

Durante mucho tiempo, para este proyecto, me apodaron "Larry el Embrouille". Le iba bien al personaje y tenía un aire a Audiard que me gustaba. Un amigo me dijo: "Sabes, antes de que lo consideraran un genio de Wall Street y de salvar a los bancos después de la crisis de las hipotecas basura, compró decenas de miles de acciones de Lehman Brothers tres meses antes de su colapso. Todo el mundo lo ha olvidado. Como chivato, podemos hacerlo mejor. Este tipo tiene un don para confundirnos. Es un verdadero genio del engaño..."

Embrouille (sustantivo femenino): Desorden que tiene por objeto confundir o engañar; abuso de elementos de confusión. Saco de enredos (bolsa de nudos). Enredar, envolver, fumar.

Larry es el jefe, el pensador y el hombre tótem de BlackRock en todo el mundo. Y dondequiera que vaya la multinacional, BlackRock no es más que un nido de enredos. Donde va BlackRock, la luz se apaga. Este sería mi eslogan si tuviera que lanzar una campaña.

Podría daros mil ejemplos, pero no quiero sobrecargar vuestras neuronas. Las mías están recalentadas. Si me habéis seguido hasta aquí, sin cansaros demasiado, ya he ganado.

Enero de 2012. Los corredores de bolsa de Wall Street se han quejado anónimamente a la policía de Nueva York de las presiones y chantajes que ejerce BlackRock sobre ellos. Los policías no habrían actuado si el fiscal general, especialmente sensible a estos temas, no los hubiera motivado. Los ejecutivos de BlackRock fueron acusados de obligar a los corredores de bolsa y analistas financieros del estado de Nueva York a darles información confidencial sobre su trabajo y la situación de sus clientes. Los BlackRockers negaron las acusaciones. El fiscal general acabó demandando a BlackRock por tráfico de información privilegiada. Una acusación que alarmó inmediatamente a Larry, que puso a sus mejores abogados a cargo del caso.

El problema es el fiscal. Se llama Eric Schneiderman, es joven y tiene fama de tipo duro. Es el magistrado que quiere salvar Gotham City en Batman. Acusa a la firma no sólo de registrar información confidencial a la que tiene acceso como accionista, sino, sobre todo, de "utilizar su posición dominante para obligar a los corredores y analistas de Wall Street a responder a investigaciones muy detalladas sobre sus actividades". La investigación demostró que BlackRock había establecido un ingenioso sistema de recompensas para quienes colaboraban y de reprimendas para quienes se negaban a hacerlo. Toda esta información, a veces confidencial, alimentaba la matriz de Aladdin.

Insisto en esta historia porque es poco conocida en Europa y no ha causado mucho revuelo al otro lado del Atlántico. Hay algunos artículos dispersos en las páginas web del New York Times, Bloomberg o Politico. Los comunicadores y abogados de BlackRock son conocidos por confundir a la prensa. En muchos sentidos, me recuerdan a los de Clearstream.

El 24 de septiembre de 2013, Eric Schneiderman fue invitado a una conferencia organizada por la agencia de prensa Bloomberg. En ese momento se encontraba en medio de una investigación sobre el tráfico de información privilegiada de BlackRock. No mencionó el nombre de Larry, pero todos pensaron en él cuando el magistrado mencionó a quienes pervierten los mercados y dan muestras de gran codicia. Este primer discurso y la acusación que le siguió hicieron añicos la propaganda de la estrella emergente de Wall Street, Larry Fink, y su firma, la mayor gestora de activos del mundo, protectora de jubilados y pequeños ahorradores.

Hoy en día, creo que tenemos que repensar algunos de nuestros hábitos porque estamos viendo algo mucho más insidioso que el tradicional tráfico de información privilegiada. Grupos silenciosos pero poderosos son capaces de utilizar información pública combinada con operaciones de alta frecuencia de maneras que distorsionan nuestros mercados mucho más de lo que Albert Wiggin, Ivan Boesky o Gordon Gekko jamás podrían haber imaginado. Esta combinación de operaciones de alta frecuencia con acceso a información no pública, obtenida ilegalmente por adelantado, es lo que llamamos "operaciones con información privilegiada 2.0" en mi oficina. Esta es la primera vez que se ha utilizado el término, y la comparación con el jefe de BlackRock es acertada. Albert Wiggin era un banquero codicioso que se enriqueció a costa de los pobres durante la Gran Depresión. Ivan Boesky, un corredor de bolsa que cayó en 1986, es un campeón de las operaciones con información privilegiada que se enriqueció obteniendo información de su círculo íntimo. Después de una investigación de la SEC y confesiones, admitió sus malas acciones y cumplió tres años y medio de prisión. Pagó una multa de 100 millones de dólares sin pestañear para evitar un castigo mayor. Boesky inspiró el personaje de Gordon Gekko, el cínico y descontrolado corredor de bolsa de Wall Street, en la exitosa película de Oliver Stone. Boesky es conocido por una diatriba de culto en la que reivindica su codicia por el beneficio como forma de vida: "Creo que la codicia es saludable. Puedes ser codicioso y sentirte bien contigo mismo".

¿Algún comentario, Larry?

El fiscal, inspirado aquel día, continuó en la misma línea: "En los años 60, la gente conservaba sus acciones durante una media de cinco años, lo que les permitía crear valor. Ahora, se estima que el periodo medio de tenencia es inferior a cinco días. En una minoría de los casos, algunos expertos estiman que es inferior a un minuto. Ya nadie compra acciones por su valor. Nadie invierte en acciones durante unas horas o unos días para poner en marcha un negocio o desarrollar un producto. Es sencillamente incompatible con las ideas básicas de nuestros mercados. Se está haciendo necesario abordar este problema si queremos restablecer la confianza del público".

Antes de concluir:

Cuando yo era niño, todo el mundo quería jugar en la Bolsa. Los símbolos de la riqueza eran poseer una casa y una cartera de acciones. El estadounidense medio y normal pensaba que él y sus corredores, si eran prudentes, tenían la oportunidad de comprar barato y vender caro como hacían los grandes jugadores de Wall Street. Pero los nuevos manipuladores del mercado (los que hacen algo inimaginable hace una década) están llamando a los ahorros de este estadounidense medio "dinero tonto". Y, damas y caballeros, muchos de nosotros aquí podemos muy bien estar entre esos propietarios de "dinero tonto". Porque a menos que tengas acceso a una supercomputadora que pueda comprar decenas de miles de acciones en milisegundos y acceder a la información del mercado un poco antes que el resto, puedes estar en "dinero tonto", incluso si crees que eres un insider. Cuando la velocidad cegadora se combina con el acceso rápido a los datos, le da a la gente el poder de extraer valor de los mercados incluso antes de que llegue al resto de Wall Street. Cuatro meses después, tras dos años de investigación y de intensos debates, el 8 de enero de 2014, el fiscal general del Estado de Nueva York y BlackRock llegaron a un acuerdo por el que BlackRock se comprometía a "poner fin a su programa de encuestas a analistas de Wall Street". Eric Schneiderman firmó el fin de las hostilidades con Larry Fink y BlackRock. La firma fue condenada a pagar 400.000 dólares en concepto de reembolso de gastos. Una pista que deja un sabor amargo a algunos observadores o actores del procedimiento...

Schneiderman se tomó el tiempo de denunciar las prácticas de BlackRock de "agregar sistemáticamente" la información de los analistas, dándoles así una "ventaja injusta a la hora de predecir las futuras opiniones de los analistas, en violación de la ley". La investigación fue exhaustiva, pero el fiscal no pudo demostrar que se hubiera entregado información estratégica. BlackRock había estado recibiendo informes secretos de expertos financieros durante cinco años, a pesar de que la ley federal prohíbe a las empresas de corretaje revelar selectivamente información antes de que se la entregue a los clientes elegibles. La afluencia fue mucho mayor de lo que los abogados de la firma argumentaron en la demanda. La información confidencial apuntaló el poder y la notoriedad de Aladdin. BlackRock no ha admitido ni negado las conclusiones del fiscal general, pero ha "aceptado medidas correctivas, incluida una suspensión permanente y mundial del programa de investigación y la cooperación continua con las investigaciones relacionadas en curso".

Porque la presión sobre los analistas y otros gestores de patrimonio se extendió más allá de Nueva York y se extendió al resto del mundo. En una extensa declaración, Eric Schneiderman anunció que el acuerdo pone fin a la práctica de interrogar sistemáticamente a los analistas de Wall Street para obtener información sobre las empresas a las que asesoran.

Antes del acuerdo, BlackRock operaba el programa de investigación más grande del mundo, solicitando respuestas de corredores que, sin quererlo, revelaban material no publicado en sus informes. Los informes de los analistas se consideran información que tiene un impacto significativo en el mercado y en las decisiones de los inversores. La oficina del fiscal general determinó que el diseño, el momento y la estructura de las investigaciones permitieron a BlackRock obtener información que se utilizó para, como se expresa en un documento de BlackRock, anticiparse a futuras revisiones de los analistas. La investigación de BlackRock se basó en parte en información proporcionada por denunciantes confidenciales que se presentaron para expresar serias preocupaciones y presiones. La oficina del fiscal general obtuvo cientos de miles de páginas de evidencia documentada relacionada con el programa de investigación de analistas de BlackRock y reunió testimonios de empleados de BlackRock y otras personas.

La declaración entierra el proceso de una manera brutal e "incomprensible", según algunos investigadores frustrados por no haber profundizado en la investigación: "Prometieron detener, así que lo dejamos pasar, como un juez que libera a un percutor porque prometió detener, sin siquiera investigar a los criminales para los que estaba persiguiendo", dijo un testigo. En este caso, habría sido interesante saber a quién vendía BlackRock su información recopilada ilegalmente, probablemente a fondos de cobertura o fondos de negociación algorítmica...

En su biografía o en las entrevistas que le dan cuando viene a Europa, a Larry nunca le preguntan por esas zonas grises. Se pasa la vida haciendo creer que trabaja por el bien de los jubilados y los pequeños ahorradores, mientras que su objetivo sigue siendo robarnos. Es un auténtico carterista. Un charlatán de primera. Un campeón del doble juego. Le escuchamos, sonríe, nos explica que somos unos fracasados con nuestros servicios públicos y nuestra semana laboral de treinta y cinco horas. Se muere de risa cuando hablamos de jubilarse a los sesenta o de reducir la jornada laboral.

Macron le da una palmadita en la espalda. Y somos nosotros los que sentimos dolor.

Sigo cargando contra la mula, pero ten por seguro que huele a establo...

Por ejemplo, Larry se considera demócrata, apoyó a Hillary Clinton y apoya a Joe Biden, pero no critica a los republicanos. Peor aún, en diciembre de 2016, se unió con orgullo a un foro empresarial convocado por Donald Trump para "ofrecer asesoramiento estratégico y político sobre cuestiones económicas".

No olvidemos que varios de sus amigos y patrocinadores en el sector empresarial apoyaron la campaña de Trump y su política de desregulación del mercado.

Larry ha hecho ganar mucho dinero a sus clientes, ha hecho ganar mucho dinero a sí mismo, pero también ha perdido mucho. Está, por supuesto, la historia de los préstamos fallidos de First Boston (100 millones de dólares), pero hay compras especialmente temerarias como la de Stuyvesant Town, un complejo inmobiliario de ciento diez edificios, adquirido en 2006 por 5.400 millones de dólares en Manhattan. Hizo perder 500 millones de dólares al fondo de pensiones californiano CalPERS, un gran perdedor que no se lo reprochará demasiado... Larry creía en ello, como cree en los ETF, pero no había previsto ninguno de los costes adicionales de la obra. A veces, a pesar de Aladino, es muy miope.

Hasta ahora, siempre ha salido airoso de estos apuros. Larry es un gato. Un acróbata. Un ser primitivo pero sofisticado. Es un campesino astuto que colecciona, como hemos visto, de forma bulímica, lo que él llama "folclore americano", arte popular con aires del lejano oeste. ¿Recuerdan la canción de Sheila? "No sé si ustedes son como yo, pero cada vez que me hace feliz escuchar una vieja melodía de folklore americano tocada en un crincrin, inmediatamente me veo ya en las profundidades de Arizona, luciendo un gran sombrero y rasgueando un viejo banjo, Woh Ring ding ding". Estoy seguro de que a Larry le encantarían estas letras anticuadas, fáciles de recordar y tararear, que ensalzan la alegría de vivir en América. El disco de 45 rpm de Sheila puede estar en su museo entre un disco firmado por Brian Wilson y una pipa que perteneció a Buffalo Bill. Larry es un tipo sencillo. Un coleccionista. Acumula sin cesar montones de objetos sin valor. Sus veletas de North Salem. Estamos lejos de los cuadros de Rembrandt del multimillonario de Wall Street Thomas Kaplan o del arte contemporáneo ostentoso y libre de impuestos de Bernard Arnault. Toda esta basura ostentosa es demasiado cara, demasiado complicada. Larry reivindica este gusto típico del "granjero", como un granero donde se acumulan montañas de cachivaches, por si acaso, nunca se sabe. Cuando era estudiante, bebía cervezas y participaba en reuniones de sociedades secretas que hoy reúnen a los mayores banqueros del planeta. Algunos, incluso en la prensa llamada seria, las ven como gobiernos ocultos. Eche un vistazo a Kappa Neta Phi, la fraternidad donde Larry ocupa un lugar destacado entre Michael Bloomberg, el ex alcalde de Nueva York, y Robert Rubin, el ex vicepresidente de Goldman Sachs y ex secretario del Tesoro. Parece más bien una reunión de antiguos estudiantes nostálgicos de una América blanca y machista. Su insignia consiste en una jarra de cerveza, una copa de champán, una mano con un dedo índice y cinco estrellas. Su lema en latín, Dum vivamus edimus et biberimus, significa "Mientras vivimos, comemos y bebemos". Verdadero.

Larry comenzó su carrera con un gran fracaso hipotecario en First Boston. Luego se montó en el escándalo de las hipotecas de alto riesgo para volver a Wall Street, donde su reputación de ganador fue resaltada en un larguísimo perfil publicado por Vanity Fair. Dieciséis páginas en Vanity. La consagración. Aunque cuando lo leyó, Larry tosió. Y nosotros también . Lo más destacado del artículo es este breve pasaje que realmente molestó a Larry, que hace un gran esfuerzo por controlar su discurso: "A la gente le gustaba, pero también se le veía como arrogante y grosero, como 'un tipo que siempre quería más de lo que tenía'", dice un ex socio de First Boston. Estaba babeando, con la nariz pegada a la ventana. Se podía sentir su intensa ambición. Hacía enormes apuestas en los mercados, feliz de superar constantemente los límites", añade el periodista de Vanity. También se le recuerda como un gran pene oscilante, un BSD, una frase inmortalizada por Michael Lewis en su libro *Liar's Poker* . Estaba tratando de describir al más arrogante y agresivo de los operadores de bonos de Wall Street. Años después, Fink reaccionó con amargura a esta descripción, citando el esnobismo de los banqueros de inversión de Wall Street, que menospreciaban a los operadores judíos o italianos (como él) y a quienes se les permitió tener éxito en el negocio de los bonos hipotecarios sólo "porque nadie más los quería". El artículo también se refiere a BlackRock como "un gobierno en la sombra", en referencia a la montaña de contratos gubernamentales que le fueron adjudicados. El término "gobierno en la sombra" utilizado en el artículo de Vanity Fair es muy relevante.

Muchos observadores consideran que el dominio de BlackRock es un problema importante. La empresa gestiona cerca de 10 billones de dólares en activos, una cifra que eclipsa los presupuestos de la mayoría de los países. En otras palabras, la participación de BlackRock en la economía mundial es mayor que la de la mayoría de las economías de las naciones. La entidad es el mayor accionista de casi todas las grandes empresas. Es difícil imaginar las implicaciones totales de tal poder. La empresa posee enormes cantidades de datos, tiene una influencia significativa sobre los mercados globales y, por extensión, sobre la política mundial.

Un buen amigo de Larry comentó recientemente: "Yo era un amigo cercano de Larry Fink. No era un hombre encantador, sino un hombre de su tiempo que no tenía nada que envidiarle a nadie. Un gran oportunista que comenzó su carrera en el sector inmobiliario, una persona que realmente quería demostrar que podía vender cualquier cosa. Trabajó a un alto nivel en First Boston, luego se unió a BlackRock, una empresa que se convirtió en una poderosa herramienta financiera que nadie sospechó que crecería tanto. Un hombre muy astuto, dotado de una inteligencia considerable que era bastante inusual en ese momento. Es un hombre que vio una gran cantidad de oportunidades financieras cuando otros, incluidas muchas personas con talento, no podían verlas". Larry se hizo conocido como un maestro de la ingeniería financiera. Para él, las finanzas son un juego. Dirige BlackRock como una máquina. Ve todo a través del prisma de los números. Para él, la única realidad es el desempeño financiero.

Epílogo

Mientras buscaba en Internet las inversiones de BlackRock en viñedos franceses, descubrí la "podredumbre negra" o black rot. Se trata de una enfermedad de la vid provocada por un hongo originario de Norteamérica. Ha invadido los viñedos europeos y es muy contaminante, invasiva y compleja de tratar. Seca y "momifica" las uvas. Su ataque es casi indetectable porque el envenenamiento se transmite por las raíces y proviene del suelo. Cuando la fruta es atacada, es demasiado tarde para salvar las viñas. Generalmente es necesario destruir las parcelas contaminadas, tratarlas con productos que maten la Podredumbre Negra y replantar. Esta enfermedad se describe como explosiva y muy dañina para los viñedos, porque la lluvia acelera su propagación.

La analogía es demasiado buena para no mencionarla. Tenemos mucho que aprender de la naturaleza...

Don't miss out!

Visit the website below and you can sign up to receive emails whenever Edward Branson publishes a new book. There's no charge and no obligation.

https://books2read.com/r/B-A-KPLMC-MSDCF

BOOKS 2 READ

Connecting independent readers to independent writers.

Also by Edward Branson

The Emergence of BlackRock
El surgimiento del Black Rock